法说家事

黄莉凌律师
精选家庭财产纠纷
20例

黄莉凌 ◎ 著

中国出版集团
中国民主法制出版社

全国百佳图书
出版单位

2021·北京

图书在版编目（CIP）数据

法说家事：黄莉凌律师精选家庭财产纠纷 20 例 / 黄
莉凌著 . —北京：中国民主法制出版社，2020.10
ISBN 978-7-5162-2284-3

Ⅰ . ①法… Ⅱ . ①黄… Ⅲ . ①家庭财产—财产权益纠
纷—案例—中国 Ⅳ . ① D923.905

中国版本图书馆 CIP 数据核字（2020）第 189312 号

图书出品人：刘海涛
出 版 统 筹：石　松
责 任 编 辑：董　理

书　　　名 / 法说家事——黄莉凌律师精选家庭财产纠纷 20 例
作　　　者 / 黄莉凌　著

出版·发行 / 中国民主法制出版社
地　　　址 / 北京市丰台区右安门外玉林里 7 号（100069）
电　　　话 / （010）63055259（总编室）　63058068　63057714（营销中心）
传　　　真 / （010）63055259
http: // www.npcpub.com
E-mail: mzfz@npcpub.com
经　　　销 / 新华书店
开　　　本 / 16 开　710 毫米 ×1000 毫米
印　　　张 / 14　字数 / 197 千字
版　　　本 / 2021 年 1 月第 1 版　　2021 年 1 月第 1 次印刷
印　　　刷 / 北京天宇万达印刷有限公司

书　　　号 / ISBN 978-7-5162-2284-3
定　　　价 / 29.00 元

序

《法律讲堂》主讲人出书的计划十三年前就被提起并付诸实施了。

每一次联系出版社组织出书，主讲人都非常积极踊跃。这种积极踊跃是有原因的，一期节目从选题到稿件的最后通过，要经过多次修改、严格审核，主讲人会付出相当大的代价和心血。做成节目，只播一次就完了，未免太可惜，从社会成本上讲也不划算。十三年前，新媒体传播还不发达，节目很难在网上被找到，于是，把声音变成文字，把节目变成图书，把凝结着主讲人智慧和心血的普法作品进行二次或多次传播，便成为当时栏目组织出书最朴素的动机。从那时起，联系出版社为主讲人出书便成了栏目一个传统的工作，一直延续至今。

《法律讲堂》系列书籍，一般收录主讲人二十篇稿件，讲述二十个故事，以这二十个故事为支点，解读不同的法条、法理。黄莉凌律师《法说家事》的二十个故事汇集的是二十个发生在夫妻、婆媳、兄弟姐妹、亲友之间，因继承、婚姻、投资、赠与等原因，而产生的家庭财产纠纷典型案例。在这二十个故事中，黄莉凌律师以个人丰富的实践经验和法学知识，深刻剖析矛盾产生的根源，深入分析纠纷发生背后的心理原因、社会原因，在此基础上深入浅出地解读法条、法理，告诉大家家庭财产管理与保护的实用法律知识，内容有温度、有深度、有锐度，通俗易懂，蕴含丰富的法律智慧和人生智慧。

财产权是宪法赋予公民十分重要的经济权利，财产关系是重要的法律关系之一。绝大多数法律纠纷都与财产权益有关。

对于财产与感情的关系，曾有人戏言：谈钱伤感情，谈感情又伤钱。的确，这几十年来，我国经济迅速发展，大家的生活越来越富足，百姓的财富积累日益增加，财产形式也越来越多样化，房产、存款、车辆、股权、债权等，财产类型繁多。与这种情况并存的是，我国传统观念深厚，亲朋好友之间重情义、讲面子，法律意识普遍不强，一旦出现变故与纠纷，非常容易陷入维权的困境。面对日益增多的财产纠纷，如何进行财产管理与保护，如何避免法律的风险，成为很多人需要学习的知识，我们的实用法律知识普及急需加强。

在《还不清的债》里，女主人公吴玉巧因遭遇一场不幸的婚姻而背负了巨额债务。先是丈夫经营失败，之后他又带着小三玩失踪，只留下吴玉巧独自带着儿子面对一群不断登门讨债的债主和望不到头的债务。债务发生在"夫妻关系存续期间"，吴玉巧到底要不要承担连带的还款责任？黄莉凌律师在故事中详细展示了女主人公对涉案借款毫不知情的经过和证据，充分解读了《最高人民法院关于适用〈中华人民共和国婚姻法〉若干问题的解释（二）》和《最高人民法院关于审理涉及夫妻债务纠纷案件适用法律有关问题的解释》，深入阐述了两个法律文件的出台对于明确夫妻共同债务的认定标准，平衡保护债权人利益，和夫妻特别是未举债夫妻一方利益具有的重大意义。

在《飞来的巨款惹风波》中，一笔突然到来的巨款，让女主人公吴晓玲遭受友情、亲情、爱情的多重打击。吴晓玲先是瞒着丈夫把巨款藏起来，巨款成为自己的"私房钱"，之后又被闺蜜的男友恶意侵占。这笔飞来巨款不仅没给她和家庭带来幸福安宁，反而招来丈夫猜忌，随后冲突不断，差点导致婚姻破裂。财产纠葛感情，往往是因为人们面对财产，先相互失去信任，之后又少了沟通。彼此猜忌，相互戒备，心里各自装着小九九，这些正是亲人朋友间感情不和、矛盾不断，甚至最终演化为人生悲剧的导火索。黄莉凌律师通过这个法律故事，是想传达一个道理：人人都渴望财富，生活的幸福感与财富密不可分，但财富绝不等于幸福。财富到底是万恶之源，还是快乐的源泉，最终取决于人的内心。

在《法律讲堂》众多的主讲人中，主讲婚姻、感情与财产纠纷的主讲人通常会取得较高的收视率，黄莉凌律师就是其中的一位。黄律师身材不高，甚至略显瘦小，加上是南方人，平时说话也是温声细语，给人的第一印象可能会是"柔弱"。但是，生活告诉我们，对人的第一印象往往并不靠谱，一旦进入工作状态，这个南方女子就会语速加快，眼神犀利，思辨敏锐，条理清晰。黄莉凌律师的节目，内容贴近普通百姓，极少有稀奇古怪的内容，从头到尾充满着生活气息。她的语言风格真诚质朴，感情平实深厚，法点、法理的分析深入浅出且通俗实用，观点睿智，饱含正能量。本书集纳黄莉凌律师的二十篇稿件，一定会让读者朋友有所收获。

最后想说的是：家国天下，家庭是社会的基本细胞，也是法律规范的重要基本单位。家和万事兴，做好家庭财产的管理与保护，才能实现家庭和睦，安居乐业。

权 勇

2019 年 11 月 11 日

目　录
CONTENTS

序 1

互相欺骗的婆媳 1

　　周梅偶然发现丈夫罗小华是位精神病患者，公婆一直对自己刻意隐瞒。为了讨好周梅，老两口将房产登记在她名下，但却不知此时周梅已经偷偷与丈夫办了离婚手续，得知真相的老两口想要回房产，他们的愿望能实现吗？

重拾初恋吞苦水 10

　　年近40的霍展平遇到已离异的初恋女友何静竹，两人再次相爱并同居。之后两人因是否生育孩子反目，何静竹黯然离去，独自生子。霍展平从开始拒绝承认孩子转变成争夺孩子，经过两次诉讼，何静竹对孩子的抚养权得到法律保护。

离婚阴谋 20

　　李天成离婚后发现孩子并非亲生，前不久过户给前妻用以落户的房产正挂在中介出售，被骗后猛然惊醒的他能通过诉讼追回自己的权益，讨回公道吗？

骗我钱的姐妹来求救　　　　　　　　　　　31

某天，韩晶突然发现自己的房子被情同姐妹的好友周艳偷偷拿去抵押贷款，之后周艳潜逃了。一年后，韩晶接到周艳在边境打来的求救电话，韩晶会怎么对待这个坑害自己的人呢？周艳骗取贷款之后，钱都哪儿去了？这一年多发生了什么？

飞来的巨款惹风波　　　　　　　　　　　　41

吴晓玲意外获得前男友临终时馈赠的巨款，为了避免丈夫猜忌，她委托好友何芳保管，没想到这笔钱却被何芳的男友宋军侵占。为了讨要钱款，吴晓玲的弟弟被抓，夫妻反目。一笔财富让她遭受多重打击，她能化解矛盾，要回款项吗？

妻子私藏数百万　　　　　　　　　　　　　50

普通职员宋妍接受警方调查，因为她是一家涉嫌集资诈骗的投资公司的股东和法定代表人。丈夫吴飞对妻子的神秘身份感到惊诧，她的300万元投资款从何而来？而这笔巨款的来源与宋妍的儿子的身世有关，宋妍卷入这场刑事犯罪，会负什么样的法律责任？她的家庭能否经受住这场风波？

抢来的男友蒙骗我　　　　　　　　　　　61

为了与已婚的意中人在一起，赵小娟和孟洁的丈夫吴宸共同构陷栽赃，迫使孟洁离婚。但是赵小娟不知道自己只是被吴宸利用的一枚棋子。真相揭开之后，赵小娟会怎样报复吴宸，他们三人的命运会如何……

婆婆买房设陷阱　　　　　　　　　　　　　70

为爱远嫁的刘薇娜，遭遇丈夫的感情背叛，幸好婆婆体贴仁厚。不料某日婆婆将她诉至法院，说她名下的房产系婆婆借她的名字所购买的房产，所有权归婆婆。如果婆婆胜诉，意味着刘薇娜不但婚姻失败还人财两空，而一份刘薇娜亲笔签名的证明，是案件的关键证据……

儿媳遇上小婆婆　　　　　　　　　　80

王嘉嘉与丈夫杜晓锋为家族企业效力，两人已做好接班准备。不料公公杜培海迎娶年轻娇妻杨小琴，喜得幼子，导致交班工作搁置。在与杨小琴的公司权力斗争中，王嘉嘉节节败退，失业回家。但这场争权夺利，让杨小琴与王嘉嘉都付出了沉重代价，家庭失和也累及企业……

葬礼上冒出的"儿媳妇"　　　　　　　91

老年丧子的周世恒在儿子的葬礼上，见到了一名自称是自己儿媳的女子吴静，她要求参与遗产继承。协商不成后，通过诉讼吴静分得了遗产，但是周世恒一直质疑她的身份，在周世恒的不懈追查下，终于真相大白。

谁骗了谁　　　　　　　　　　　　　101

在前雇主胁迫下，保姆余砾在前雇主的借款合同上签名做了担保人，但她签了个假名字。日后，前雇主不知所踪，债权人告上法庭追索债务，这笔借款背后有怎样的故事，余砾是否要承担还款的义务？

许老汉的桃花运　　　　　　　　　　112

退休的许老汉身陷网恋，为此花了20余万元的巨款，被恐吓之后卧病。真相揭开，这是一场网络诈骗，是一对拆迁暴富的年轻夫妇因挥霍无度而负债累累之后，滋生出的犯罪行为。

自私的雇主害保姆　　　　　　　　　　　122

为留住贴心保姆，高世军夫妇极力撮合单身保姆与丧偶老父再婚，但得知保姆的女儿罹患重病需要大额医疗费用后，他们又快速撇清干系。老父溘然长逝，他的 30 万元存款去向不明，是他交给保姆了吗？

还不清的债　　　　　　　　　　　　　　132

李小军失联，面对上门的债主，妻子张玉巧卖房还债后，又接到银行起诉，要求她偿还李小军的银行贷款 100 万元。张玉巧对这些举债原因、用途一无所知。一审判决认定该债务为夫妻共同债务，张玉巧提起上诉。李小军又去了哪里？在案件二审中，张玉巧能否迎来转机？

赌气结婚酿悲剧　　　　　　　　　　　　142

周玉芳偶然发现丈夫孙鹏与他的初恋情人刘艺欣旧情复燃，长期过着家外有家的生活。面对感情与责任的抉择，孙鹏自杀逃避。随后刘艺欣拿着他写的遗嘱诉至法院，要求继承他全部的财产……

情色诱饵　　　　　　　　　　　　　　　152

小饭店老板周明偶然获得美女的青睐，为了帮助小美女落户北京，他把自己的房产过户到小美女名下，约定落户之后再物归原主。不料，房子被小美女卖了，买房人来收房，周明一家人被赶出家门。周明能要回房子吗？小美女又是谁呢？

万元红包送错人　　　　　　　　　　　　163

因为避讳"寡妇年不宜结婚"的迷信，梁妈妈催儿子在春节前仓促举办婚礼，不料遭遇婚庆公司弄丢录像、有人错送红包的纠纷……

双重身份的继承人 174

养父去世后,养母带着年幼的郑馨萌与继父周平结婚。馨萌大学毕业后,养母与继父离婚。之后继父与生父先后离世,生母要求郑馨萌承担赡养义务,继父之子要求独占继父的遗产。法律能保护郑馨萌的权益吗?

是儿子,还是孙子? 183

丈夫赵世平去世,沈慧如与婆婆董国珍因为财产继承发生矛盾。婆婆认为,沈慧如没有继承权,因为她未办理结婚手续,财产应该让孙子赵龙继承。沈慧如提出赵龙应该是婆婆的养子而不是赵世平的养子,没有继承权。赵龙到底是董国珍的儿子还是她的孙子,赵世平的遗产该由谁继承?

姐姐的屈辱 193

为了母亲临终前的嘱托,姐姐韩梅悉心呵护妹妹韩丽。不料遭遇妹妹与丈夫的背叛,为了保全妹妹,她选择隐忍。但是这样的屈辱却没换来他们的悔改,他们反而变本加厉地来争夺女儿借她名义购买的房产……

后记 203

互相欺骗的婆媳

关键词 重大误解与撤销合同

2011 年年底，人民法院审理了一起赠与合同纠纷。坐在原告席上的一对老人声泪俱下地说："那房子是我们一生的积蓄啊，不能这样被骗走，你必须还给我们！"而坐在被告席的那名女子也满含眼泪，委屈地说："是你们骗了我啊，骗了我大好的青春，毁了我一生的幸福。这房子是你们当初自愿送给我的，怎么又反咬说我骗你们呢？"

这究竟是怎么回事呢？为什么这名女子会说这对老人毁了她一生的幸福呢？这名女子叫周梅，是这对老人的儿媳妇，准确地说是前儿媳妇。为什么他们会对簿公堂，都说对方骗了自己呢？他们争的是什么房子呢？这还得从头说起。

2004 年 5 月 1 日，这一天，对于生活在南方某县城的罗家来说，是一个喜庆的日子。年近六旬的罗瑞平、张淑娣夫妇忙里忙外，张罗着办了二十桌酒席，把儿媳妇周梅娶进了家门。

罗小华和周梅走的是传统的"父母之命，媒妁之言"的婚姻模式，两人经介绍认识。罗小华是罗瑞平、张淑娣夫妇的独生儿子，家境不错，可不知为什么年近三十还没结婚。当时新娘周梅并没有多想，听媒人说这小伙子长得一表人才，家庭和睦，接触几个月后便踏上了红地毯。婚后不久周梅就怀孕了，并在次年 8 月，生下了一个胖小子军军。军军茁壮地成长，一家人平平淡淡地过着日子，直到有一天，罗小华出现了异常……

2010 年 7 月，罗小华与周梅一起下班，在公交车站等车，这时一辆公交车失控一般冲向站台，冲着罗小华和周梅就来了。幸亏当时有人拽了他们一把，他们及时躲开了，公交车撞在柱子上停了下来，没有人员伤亡。但这一下把大家都吓得够呛，半天都回不过神来。

回家以后，周梅就觉得罗小华不对劲，一直发呆。之后罗小华慢慢地变了，经常呆呆地坐着，一坐就是半天，喊他他不应，拉他他不理，问他话，他的回答也是颠三倒四、不着边际。更让周梅无法理解的是，丈夫经常盯着某个东西，一看就是大半天，嘴里还喃喃自语，仔细一听，其实就是不停地重复一句话。公婆抢着照顾丈夫，让周梅安心上班，千万别请假，他们带着罗小华去医院，回来就说罗小华是工作压力大，受了惊吓，精神紧张，休息休息就好了。周梅心里隐隐约约有些猜测，丈夫是不是精神出了问题？但她不愿承认，她接受不了这个残酷的现实。但公婆为什么不让自己去医院呢？丈夫这是怎么了？

纸终究包不住火。这天周梅意外碰到了罗家以前的老邻居，才得知，原来罗小华在上大学期间，因为失恋导致精神异常休学过一年，经过回家治疗后才复学，听说这病是治不好的，只能控制，这事儿老街坊们都知道。毕业后，罗家全家搬离了老家，来到县城居住。

自己的丈夫居然是个精神病患者！这时周梅也就明白了，为什么罗家放着老家的大房子不住，非得在县城挤在一套小房子里；为什么自己结婚只在县城里举行婚礼，没回罗家老家，而且一家人一直生活在县城里，从不回罗家老家。很可能就是怕自己知道了这件事。自己该怎么办？周梅很纠结。

知道了罗小华的病史，这对周梅是一个沉重的打击。她后悔婚前自己没了解清楚，她也怨恨公婆对自己刻意隐瞒。可当她回家看到公婆的时候，她又不忍心当面拆穿、质问他们。是啊，他们是罗小华的父母，他们是为自己的儿子好。如果换成是自己的儿子军军有这样的问题，自己会和公婆一样吗？想到这些，周梅选择了先沉默，她需要好好想想该怎么办。

周梅经过暗中了解得知，罗小华患的精神病，不是狂躁抑郁性精神病，治疗后多年未复发，但也从未被治愈。如果坚持吃药，应该与正常人没什么差别。但如果受了较大的刺激，就会出现反复。而每一次反复都会让病情加重，罗小华也会逐渐丧失生活自理能力。

她恨自己婚前没了解清楚，也恨公婆对自己刻意隐瞒。她想离开罗小华，她看到网上有人说，婚前隐瞒精神病史，这种婚姻是无效的，可也有说是有效的。如果婚姻有效，和精神病患者离婚还很麻烦，涉及精神病患者的行为能力鉴定的问题。这么多专业问题把她彻底搞晕了，她决定去找专业人士——律师咨询一下。

律师解答了她的疑问。

根据我国婚姻法的规定，婚前患有医学上认为不应当结婚的疾病，婚后尚未治愈的，婚姻无效。那么，精神疾病是否属于医学上认为不应当结婚的疾病呢？从司法实践看，以精神疾病为由申请婚姻无效的案件，有的法院支持，有的被法院驳回了。这是为什么呢？目前我国法律并没有明确规定哪些疾病是医学上认为不应当结婚的疾病。理论上一般认为患有淋病、梅毒、麻风等传染性疾病，严重遗传性疾病，重型精神病和重度智力低下等疾病的人不应当结婚。根据周梅的介绍和她提供的医院的病历、诊疗证明，罗小华的病情并不是重型精神病，所以他的这种情况还不属于法律上说的医学上认为不应当结婚的疾病。那罗小华和周梅的婚姻还是有效的。

面对这样残酷的现实，周梅左右为难，自己已经和罗小华结婚了，还有了儿子军军，这样的婚姻要维持下去吗？可是自己还这么年轻，自己的下半生都要陪伴一个越来越严重的精神病患者吗？怎么办？离婚，或许是最好的选择。可要离婚又谈何容易。听律师说，和精神病患者离婚需要先帮他做行为能力的鉴定，需要征得他的监护人的同意。她知道，公婆那一关是不容易过的。

通过咨询律师，周梅明白了，罗小华不发病时，他的行为还是有法律效力的。可是罗小华正常的时候会同意和自己离婚吗？周梅左右为难，后来她一想，既然你们能骗我结婚，我也就趁罗小华糊涂时骗他离婚，先把手续办了，将来他们也无可奈何。

打定主意后，周梅开始实施离婚计划。2010年12月，罗小华又有些神志不清了，周梅试探着拿出一纸离婚协议让罗小华签字时，罗小华没有迟疑，没有思索，爽快地在协议上签了字，这时的罗小华正在犯病时期，他根本不知道那协议上写的是什么。次日，罗小华又跟随周梅来到民政局婚姻登记部门办理离婚手续。当民政部门的工作人员问起他们为什么要离婚时，周梅抢着回答："感情不和！是他提出来要离的，这协议我们都写好了，孩子问题、财产问题也都已经说好了！"当工作人员向罗小华求证时，他冷漠地点了点头，这让周梅悬着的心放了下来。她还接着说："他就这样，冷暴力，也不说话，对我和孩子根本就没好脸色！"周梅的描述，配合罗小华当时冷漠的状态，使工作人员相信了她的话。这样，周梅出乎意料地顺利办完了离婚手续。

办理了离婚手续，罗小华又呆呆地和周梅一起离开了民政局，工作人员没有觉察出丝毫异常。

走出民政局的大门，周梅知道，从法律上讲，身边的这个男人已经不是她的丈夫，他们之间夫妻关系已经终止。可是傻呆呆的罗小华依然寸步不离地跟着她。面对罗小华的信任，周梅不知道怎么和他解释这件事，更怕刺激他，使他病情加重。

这件事还是先和公婆说吧，好让罗小华得到稳妥的照顾。可当周梅回到家，看到公婆近乎讨好的模样，她欲言又止，真没准备好跟公婆说这件事，更何况儿子军军也需要公婆帮忙照顾，周梅想也不急于一时，过些时候再说吧。所以，她依然扮演着妻子的角色。这个家庭一如既往的平静，公公罗瑞平和婆婆张淑娣被完完全全地蒙在了鼓里。

自结婚以来，周梅一直跟公婆住在一起，现在离婚了，她还是跟公婆住在一起，只不过在法律上，他们的身份变了，丈夫变成了前夫，公婆也变成了前公婆。此时，罗小华的精神病迹象已经越来越明显，公婆每天惴惴不安。他们心里嘀咕，照这情形，儿媳周梅肯定已经知晓了真相。可是周梅出乎意料地没有丝毫埋怨和责怪，反而一直默默地照顾罗小华，照顾孩子。这让老两口对周梅满怀歉疚，心存感激。而对于周梅来说，她也一直很纠结，现在她已经离婚了，她需要的是寻找离开的合适时机，但她没有找到，因此她也一直没有离开。就这样，在一个屋檐下的老两口和周梅，相互欺骗，他们每天都过得心神不定，惴惴不安，又都没有勇气说出真相，坦诚相待。

他们各自纠结地过了半年，一个大工程在罗家启动。罗家在老家有一处破败的旧房子，闲置好多年了，罗瑞平和张淑娣夫妇决定趁着年纪还不算太老，把房子修起来，给儿子、儿媳，尤其是孙子留点固定资产。房子一动工，忙忙碌碌就是好几个月，到了2011年9月，一幢造价50余万元的两层小楼如期竣工。为了这幢楼房，罗瑞平夫妇投入了全部积蓄。望着刚刚修好的新房，想想儿子的病，想想孙子的未来，想想孝顺的儿媳，为了减轻心里的愧疚感，平息自己不安的心，老两口有了新的打算。

罗瑞平对老伴说："这么多天来我左思右想，盘算了好久，我们年纪都大了，这房子迟早是他们的，可现在小华的状况，真让我放心不下。靠儿子还不如靠孙子，我想一步到位，干脆把房子登记到军军名下。"

老太太建议："登记到孙子名下，我没有意见，只是怕周梅有意见。现在儿子这个状况，周梅从来没有嫌弃，这儿媳还真是不错。我看不如这样，把儿媳的名字也加上去，这既是补偿，也让我们心里舒坦些。今后，就算她有什么想法，也不好意思开口了。"

听完老伴的建议，罗瑞平说出了自己的担忧："好是好，就是怕到时候人财两空。如果她拿了房子还要跟小华离婚，可怎么办？"

老太太平时总和邻居大妈聊天，有一定的法律意识，说："夫妻共同财产写谁的名字都一样，写儿子的名字媳妇也有一半，写媳妇的名字儿子也有一半。将来他们真要离婚，这房子一半是孙子的，儿子还有分四分之一，周梅也只能要到四分之一。把她的名字写上吧。"

公婆的这个决定让周梅颇感意外，自己正打算怎么离开这个家，但转念一想，自己似乎没有理由拒绝，不管怎样，房子登记到自己名下，对自己没有任何坏处。于是，周梅没有丝毫推辞，欣然接受。

2011年9月的一天，罗瑞平召开了一次家庭会议，除了老伴张淑娣、儿子罗小华、儿媳周梅外，还特地邀请了几个亲戚和邻居参加。在家庭会议上，罗瑞平宣布了和老伴商议的决定，把新建的房子赠与儿媳周梅和孙子军军。他们还写了一个赠与协议，表明老两口自愿将房产赠与周梅、罗军军。周梅接受并在协议上签了字。

两周后，这幢新楼的产权登记办理完毕，周梅和军军成为了房产的主人。日子还和以前一样平静，然而，不久之后，纠纷来了。

2011年11月的一天，周梅外出办事去了，婆婆张淑娣帮儿子收拾东西时，发现了抽屉中的离婚证……离婚时间是2010年12月，竟然在他们办房产赠与的大半年前，儿子与媳妇竟然已经离婚了！老两口不禁目瞪口呆。

等周梅一回家，罗瑞平和张淑娣把她喊到了跟前，问道："这究竟是怎么回事？"事已至此，周梅不再隐瞒，说："我怕刺激你们，总想找个合适的时机，用合适的方式告诉你们，现在你们知道了更好！"

罗瑞平和张淑娣说："那你和小华复婚，这事就当没有发生过。"周梅想都没想，迅速地摇了摇头。

看到周梅去意已决，罗瑞平迟疑了半晌，才抛出了下一句话："那你把房子还给我们，我们不送给你了。"周梅仍然摇了摇头，沉默一会儿后，质问公婆："你们这么理直气壮，你们不觉得亏欠我吗？你们为了自己的儿子就可以牺牲我的幸福吗？"局面僵在那里。

那天之后，罗瑞平、张淑娣又找周梅协商了几次。在公婆给出的要么复婚、要么退房的两个选择中，周梅坚持走第三条路：既不复婚，也不退房。双方彻底闹僵了。

这可怎么办啊？罗瑞平夫妇没想到，原本希望用这房子挽留住儿媳，没想到，儿媳早不是自己的儿媳了，可房子却已经登记在周梅名下。不动产的权属以登记为准，登记是谁的名字，就是谁的。这房子可是自己一生的积蓄，难道自己真的鸡飞蛋打了吗？将来自己养老、儿子看病可都没着落了！

无奈之下，2011 年 11 月，罗瑞平夫妇找到了律师。听了他们一番讲述后，律师提示他们，周梅和罗小华这个离婚手续有问题，老两口可以提出要求确认当时罗小华是否处在发病状态，这婚离得是不是有法律效力。可是罗瑞平夫妇一想强扭的瓜不甜，和周梅已经撕破脸了，一番折腾还是得离。他们现在只想把房子要回来，将来自己带着儿子过算了。

可是房子是他们当众表示赠与周梅与军军的，早已办完了产权登记，这送出去的东西还能往回要吗？律师继续帮他们分析。

律师说，他们可以重大误解为由，要求撤销赠与合同。那么什么是重大误解呢？重大误解的情况下可不可以撤销合同呢？

所谓重大误解，是指行为人因对行为的性质，对方当事人，标的物的品种、质量、规格和数量等的错误认识，使行为的后果与自己的意思相悖，并造成较大损失的行为。

重大误解由以下要件构成：

（1）必须是表意人（即作出意思表示的当事人）因为误解作出了意思表示。

（2）必须是对合同的内容发生了重大误解。

（3）误解是由误解方自己的过错造成的，而不是因为受到对方的欺骗或不正当影响造成的。

（4）误解直接影响到当事人所应享受的权利和承担的义务，有可能对误解人造成较大损失。在绝大多数情况下，误解会给误解方造成一定的损失，法律正是从保护意思表示不真实的误解方的利益出发，才允许其撤销或变更合同。

重大误解不是一定会使合同撤销，当事人一方有权向法院或仲裁机关提出请求，经法院或仲裁机关审理，酌定将合同变更或撤销。

法条链接>>>

《中华人民共和国合同法》

第五十四条 下列合同，当事人一方有权请求人民法院或者仲裁机构变更或者撤销：（一）因重大误解订立的；（二）在订立合同时显失公平的。一方以欺诈、胁迫的手段或者乘人之危，使对方在违背真实意思的情况下订立的合同，受损害方有权请求人民法院或者仲裁机构变更或者撤销。当事人请求变更的，人民法院或者仲裁机构不得撤销。

《中华人民共和国民法通则》

第五十九条 下列民事行为，一方有权请求人民法院或者仲裁机关予以变更或者撤销：（一）行为人对行为内容有重大误解的；（二）显失公平的。被撤销的民事行为从行为开始起无效。

最高人民法院印发《关于贯彻执行〈中华人民共和国民法通则〉若干问题的意见（试行）》的通知

第73条 对于重大误解或者显失公平的民事行为，当事人请求变更的，人民法院应当予以变更；当事人请求撤销的，人民法院可以酌情予以变更或者撤销。

在律师的帮助下，罗瑞平夫妇一纸诉状将周梅告上法庭，以重大误解为由，要求撤销赠与合同，把周梅名下的房子要回来。老两口说，他们将新建的房屋赠与周梅和军军，是基于周梅是他们儿媳、军军是他们孙子的关系，是一种特殊的亲情赠与。可是在签订赠与合同时，周梅事实上已与罗小华离婚，已经不是他们的儿媳，但是周梅隐瞒了这个事实，仍然以儿媳的身份接受了赠与，这是一种欺骗。这种欺骗导致他们产生了重大误解，让已经失去儿媳妇身份的周梅成了受赠对象。因重大误解订立的合同是可撤销合同，他们请求法院撤销他们对周梅的赠与。

可是周梅辩解说，她和罗小华离没离婚，与房产赠与没关系，前公婆将房子赠与她，完全出于自愿，这点在合同中写得清清楚楚，是"罗瑞平夫妇自愿将房产赠与周梅、罗军军"，并没有强调儿媳和孙子身份。所以她作为儿媳接受赠与也好，作为前儿媳接受赠与也罢，都不影响赠与的效力，赠与与身份没关系。而且赠与已经履行完毕，她和军军已经成为房屋的所有人，法院应驳回原告的诉讼请求。

的确，白纸黑字的合同上并没有强调周梅的身份，没有明确表示罗瑞平夫妇是因为周梅儿媳的身份才作出的赠与。老两口作出赠与决定时的初衷是本案的焦点问题，到底谁的主张能得到法院的支持呢？

经过合议庭认真合议，最终法院认定，根据《最高人民法院关于民事诉讼证据的若干规定》第九条第（三）款的规定，审判法官可依据法律规定和日常生活经验推定事实。根据社会常识和日常经验，罗瑞平夫妇在签订赠与合同时，不知道周梅已经与罗小华离婚，他们表示把房屋自愿赠与周梅，与他们认为周梅是自己儿媳妇这个特殊的身份密不可分。可是周梅隐瞒了她已与罗小华离婚的重要事实。正是基于对事实的错误认识，罗瑞平夫妇才作出与他们真实意愿相违背的赠与决定。据此，法院依法判决撤销罗瑞平、张淑娣夫妇对周梅的赠与。房屋由罗瑞平夫妇与孙子军军按份共有。

律师点评>>>

这起亲情赠与纠纷的案件，经过法院判决之后，终于尘埃落定，但是原本和睦的家庭已不复存在。

欺骗无法得到长久的幸福。罗瑞平老两口一时骗来了儿媳，但骗不来一个稳定和睦的家。周梅隐瞒离婚真相获赠了房产，但最终还是空欢喜一场。

心乱一切乱，心安一切安。而且在互相欺骗的那段时间里，罗瑞平夫妇与周梅都背着欺骗对方的良心债，又担心谎言被揭穿，每天都在纠结、不安与惶恐中度过。真相被揭开之后，伤口暴露在空气里，但最后有可能治愈。他们虽然心怀内疚与愤怒，但都有种如释重负的感觉，往后的生活反而可以更踏实。

重拾初恋吞苦水

关键词 亲子关系认定　人身保护令

2014 年 7 月，正在美国考察的霍展平突然接到妻子陈秀珠的电话，她气势汹汹地在电话里吼道：你的野孩子来认爹来了，你欺人太甚！我们陈家绝不会善罢甘休的，你等着！

霍展平矢口否认自己有孩子，但心里闪过一丝不安，难道是何静竹骗了自己？到底怎么回事，还得从三年前那场同学聚会说起。

2011 年国庆，霍展平应邀参加高中毕业 20 周年的同学聚会。聚会现场，同学们异常兴奋，在兴奋的同学中，霍展平一直在寻找一个身影，今天她会不会出现呢？此时，门开了，进来一位女士，大家一阵欢呼与尖叫，来的正是毕业之后杳无音信的何静竹。

在精心打扮的女同学们的映衬下，何静竹显得越发纯净，一如当年安静的样子。与其他热情的男同学不同，霍展平表现得十分冷淡。在场的同学谁都想不到，其实他今天最期待见的就是何静竹。在别人眼里毫无交集的两个人竟然曾有一段刻骨铭心的初恋。

工人家庭出身的何静竹，排行老大，她奋发学习，希望通过高考改变自己的命运。英俊的霍展平家境殷实，是许多女生心里的白马王子，可他偏偏对安静的何静竹情有独钟。

幸福的情愫在两个年轻人的心里悄然生长。可是临近高考时，霍展平突然接到何静竹的分手信，心有不甘的他找到何家，得知为了安心复习，何静竹借住在亲戚家。何静竹连一个当面挽回的机会都不给，霍展平便负气出国留学，从此两人断了联系。

一晃20年过去了，霍展平按照家人的安排，结婚成家，继承父业，已经是家族企业的支柱。而何静竹成为他心底的一个结。如今终于相见，他一定要把这个结打开。

聚会之后，在霍展平频繁的电话请求下，何静竹终于答应和他单独见面。霍展平急切地表达了多年来的牵念并提出了困扰他20年的突遭分手的疑问。

霍展平的疯狂追问，让何静竹仿佛回到20年前，当时，霍展平带给她的除了初恋的甜蜜，还有伤害。

当年临近毕业，他们需要面对无法回避的现实。

高考在即，霍展平的父母正积极联络，要把他送到美国留学，将来好继承家业。得知父母的安排后，霍展平把他和何静竹的感情向父母摊牌了，他说出国可以，但要和静竹一起去，家里要负担两人的费用，不然他就在国内上大学。母亲斥责他胡闹。可能是经不住他的坚持，这天母亲突然松口了，但前提是要先见见这女孩。

第二天，霍母突然造访何家，一直不知情的何家父母措手不及。霍母高傲地说展平是家里的独子，肩负着继承家业的重任，将来他一定要娶一位能对家族事业有所帮助的妻子，而不是一个像何静竹这样出身于普通家庭的女孩。希望何静竹能顾全大局，主动提出分手，让霍展平安心出国。说完，霍母还拿出一笔钱作为补偿。自尊心受到极大打击的何静竹把钱退回给霍母。

20世纪90年代，早恋还是个敏感词，女儿早恋还被男方家长上门拒绝，更让思想传统的何父颜面扫地，他严厉斥责女儿不该早恋，更不该和看不起自己的人来往，逼迫女儿断绝和霍展平的关系，不然就断绝父女关系。就这样，何静竹寄出那封分手信，自己也病倒了。半个月后的高考，身为学习委员的她出人意料地落榜了，霍展平则在父母的安排下出国读书了。

盛怒的父亲拒绝让何静竹再复读，安排她进厂成为一名工人，在工友的撮合下何静竹结了婚。从此，何静竹与霍展平的人生轨迹越走越远。

听到这里，霍展平愤怒了，原来当年竟是母亲棒打鸳鸯。他觉得愧对何静竹，如果不是当年母亲的胡闹，何静竹不可能高考落榜，她的人生会截然不同。他脱口而出："静竹，对不起，当年我太简单，没想到背后会这么复杂。我要补偿你！"

何静竹之后的叙述更让他的心情难以平静。20 世纪 90 年代末期，国企改制，何静竹夫妇双双下岗。因为生活压力与理念差异，无法忍受丈夫的自暴自弃、不求上进，何静竹离婚了，近 10 年来过着平淡而平静的单身生活。

得知何静竹单身后，霍展平不再克制，他热切地表示，这 20 年来，我从未忘记你，你是我的一生挚爱！既然老天让我们重逢，我不能再错过你！

他的话确实让何静竹有些感动，但她质疑："如今你有老婆有事业，你说这话，不过是突然得知真相后的一时冲动罢了。"

霍展平坚决否认："不！失去你之后，再没人能走进我心里。"留学回国后，在父母的安排下，他与父亲生意伙伴的独生女儿陈秀珠结婚。婚后不久，陈秀珠刁蛮霸道的性格展现出来，让霍家有苦难言。3 年前，霍展平下定决心结束婚姻时，久未生育的陈秀珠被诊断为先天不育。她突然转性，百般讨好霍展平和他父母。为了家族的利益，霍家选择维持现状，他的婚姻形同虚设。霍展平对何静竹说："现在不一样，我找回了挚爱，再也不能错过了。"

随后，霍展平对何静竹展开了比年轻时更热烈的爱情攻势。何静竹从开始的拒绝，到半信半疑，再到慢慢接受，最后越陷越深。她开始相信童话般爱情真的存在，他俩是前生注定的缘分。

半年后两人同居了。何静竹从未追问霍展平何时离婚，她不愿自己成为破坏别人家庭的第三者，他们是重拾真爱。她相信人到中年、事业有成的霍展平会处理好他的婚姻，给她一个幸福的家。

转眼又半年过去了，这天，何静竹难掩内心喜悦，激动地告诉霍展平，她怀孕了，这是他们生命中第一个孩子！短暂的欢呼之后，霍展平突然平静下来，若有所思地坐下。沉吟了半天，他愁眉不展地说："静竹，这个孩子来得不是时候，还是不要吧。"

他的声音很轻，但在何静竹听来无异于晴天霹雳，她呆了许久，大声抗议："不！为什么！不可能！我从不逼你离婚，因为我相信你那畸形的婚姻与我无关，你自会处理好。可你居然不要孩子，是怕承担责任吧，你对我根本不是认真的！"

霍展平解释："静竹，我对天发誓，对你绝对是认真的！我要和你白头偕老。但是现在公司的经营离不开陈家的支持。孩子的事一旦被陈秀珠知道，就意味着陈霍两家决裂，我会成为家族的罪人啊。"

霍展平如此权衡利弊，让何静竹的心仿佛从高空坠落。这一年多的美梦醒了，他根本没勇气改变他的婚姻，他无法给自己光明正大的幸福，只是自私地要让她成为永远见不了光的影子。醒悟后的何静竹一言不发，她的沉默让霍展平认为她在较劲，他埋怨："静竹，你不能如此自私！你非要让我沦为家族的罪人，看我众叛亲离吗？如果这样我们就一刀两断！"说完摔门离去。

霍展平是想给她压力，但次日他就收到何静竹的道别短信，并请他放心她会打掉孩子。何静竹再次消失在霍展平的生活中。

一晃两年过去了，两人没有任何联系。如今，突然接到妻子陈秀珠兴师问罪的电话，霍展平迷糊了，难道何静竹言而无信把孩子生下来，现在又来向他要抚养费？他猜对了结果，没猜对原因。

当初，何静竹对霍展平不抱幻想，但年近40的她觉得，也许这是自己唯一的做母亲的机会，她决定把孩子生下来独自抚养。后来她生下一名女婴，孩子像降落的天使，她安心且幸福。

但命运再次考验了她，孩子刚满周岁，被检查患上急性白血病，医生说通过骨髓移植可能治愈，这让她在绝望中看到一线希望。令人欣慰的是何静竹与孩子骨髓配型成功，但是40万元的手术费用让她一筹莫展。走投无路的情况下，她想到了霍展平——孩子的父亲。

不巧的是，霍展平有个不常用的手机专门用来与何静竹联系。现在这个手机用得更少了，这次去美国出差，他把那个手机留在家里，何静竹发来的几条消息都被妻子陈秀珠看得一清二楚，后院着火的霍展平急忙回国，并立即约何静竹见面谈判。

让何静竹大失所望的是，霍展平居然冷血地拒绝为孩子支付医疗费用！他对何静竹说："是你一意孤行把她带到这个世界上，你的自私造成孩子现在的痛苦！也许这就是孩子的命运。而且，这件事给我的家庭和事业造成了难以挽回的影响，让这场不幸就此打住吧！"

何静竹震惊了，这个曾让自己两度迷恋的人居然这么冷血自私！他有能力，却不救自己的孩子！是时间改变了他，还是自己从来就没有看透他？他的态度如此强硬，自己该怎么办啊？

在她绝望无助时，一位律师给了她提示，她一纸诉状把霍展平告到法院，为了孩子，她别无选择。

2014年8月，法院开庭审理这桩讨要抚养费的案件，霍展平本人没有出现，由代理人出庭。何静竹向法庭提供了当时她和霍展平的合影、租房合同，以及她和霍展平之间电话短信的记录等，当时的房东及邻居等人也为她出庭作证。可是代理人表示霍展平坚决否认他与孩子的亲子关系。

面对霍展平的逃避，何静竹向法院提出申请，要求霍展平与孩子进行亲子鉴定，可是这个要求遭到对方律师的拒绝，法院也不能强制他进行鉴定，何静竹的主张能得到支持吗？

法条链接>>>

《最高人民法院关于适用〈中华人民共和国婚姻法〉若干问题的解释（三）》

第二条　夫妻一方向人民法院起诉请求确认亲子关系不存在，并已提供必要证据予以证明，另一方没有相反证据又拒绝做亲子鉴定的，人民法院可以推定请求确认亲子关系不存在一方的主张成立。

当事人一方起诉请求确认亲子关系，并提供必要证据予以证明，另一方没有相反证据又拒绝做亲子鉴定的，人民法院可以推定请求确认亲子关系一方的主张成立。

《最高人民法院关于民事诉讼证据的若干规定》

第七十五条　有证据证明一方当事人持有证据无正当理由拒不提供，如果对方当事人主张该证据的内容不利于证据持有人，可以推定该主张成立。

经审理，法院认为：何静竹提供的证据已具有高度盖然性，霍展平没有相反证据又拒绝做亲子鉴定，可以推定亲子关系成立。鉴于孩子治病需要，霍展平应于本判决生效之日起 15 日内支付孩子的医疗费用，并按每月 2000元的标准支付生活费，直至孩子年满 18 周岁。

经过骨髓移植手术，孩子终于化险为夷。孩子的出现，让陈秀珠与霍展平闹得不可开交，陈霍两家也在决裂的边缘。当然这不是何静竹的初衷，孩子平安之后，对霍展平早已心灰意冷的何静竹，再也没有联系他。

经过两年的平静时光，何静竹渐渐淡忘了与霍展平的过往，但他们之间的恩怨纠葛并没有结束。她突然收到法院寄来的诉状，居然是霍展平提起诉讼，以父亲的身份要求变更孩子的抚养权。他来抢孩子了！

何静竹百思不得其解，当初他矢口否认和孩子的关系，现在怎么突然转变，来抢孩子呢？

原来，两年前发生那场抚养费诉讼时，陈秀珠担心自己婚姻不保而与霍展平大吵大闹，但她看到霍展平态度坚决地否认与孩子的关系，霍母也旗帜鲜明地表示，她不认可何静竹母女的身份。他们如此坚决地维护霍陈两家的和睦，让陈秀珠稍稍安心，陈秀珠的嚣张气焰也收敛不少。诉讼过后，看到何静竹没有继续纠缠，连每月的抚养费都从未主动索要，陈秀珠总算松了口气。

这两年来，陈秀珠努力尝试了所有的方法，还是无法生育。霍母的失望难以掩饰，望着媳妇尴尬的表情，老太太突然闪过一个念头，霍家不是有个现成的孩子吗，那是霍家唯一的后代啊。婆媳俩竟然谋划出一场新的诉讼。

她们以霍展平的名义向法院起诉，要求变更抚养权。

收到诉状，何静竹看到诉状上写明的理由之一是，妻子不育，女儿是他唯一的孩子。她被霍家的自私冷血激怒了。

霍家只顾自己，从不顾及别人的感受。20年前，为了不拖累儿子的前程，霍母以羞辱的方式逼自己退出；20年后，霍展平因为缺少家庭温暖而苦苦哀求自己回到他身边。当孩子与他的家族、财富冲突时，他毫不犹豫地舍弃孩子，甚至在孩子性命攸关的时候仍然拒绝援助。但当他们意识到这可能是霍家唯一的孩子时，又来抢孩子。这也是何静竹唯一的孩子啊！

不能让他们抢走孩子！可是看到诉状里列举的他们的种种优势，她也很忐忑，毕竟自己没有霍家那样良好的经济条件，没有完整的家庭，她能打赢这场夺子之诉吗？

此时，为增加诉讼筹码，霍家已经展开积极行动，霍展平以父亲的身份去幼儿园了解孩子的日常情况，霍母又自称是孩子的奶奶，在课间给孩子送来衣物，诸如此类的行为让老师不堪其扰。

为了避免孩子遭受异样的眼光，何静竹没有说过女儿特殊的身世，可是霍家这样的骚扰让老师们左右为难，无奈之下她只好说出自己那段不堪的往事，希望得到老师的理解和帮助，盼望这场诉讼早日了结。

这天一上班，何静竹接到老师的电话，老师焦急地说："你快来吧，刚才孩子的爸爸带着律师给我们园长送了一份通知，说他是孩子的法定监护人，现在要把孩子接走。他还要求，今后除了他和他委托的人，任何人都不得接送孩子，否则就要追究幼儿园的责任。园长正和他们交涉呢。"

何静竹放下电话向幼儿园飞奔，她赶到时，看到园长和老师抱歉的眼神，便知道孩子被他们抢走了。

孩子从出生就没有离开过母亲，在陌生环境会害怕的。这该怎么办啊？从孩子出生到治病，霍展平从未主动尽过父亲的责任，难道他能以父亲的身份左右孩子的生活吗？太不公平了！六神无主的何静竹在老师的提示下报了警。

在警察的帮助下，心急如焚的何静竹找到霍家，受惊吓的孩子见到母亲之后哇哇大哭，扑到妈妈怀里瑟瑟发抖，何静竹的心都碎了。但毕竟霍展平确实是孩子的父亲，警察只能对他们进行说服教育。在警察的干预下，何静竹从霍家带走了孩子。

这场风波让何静竹心有余悸。自己要上班，不可能24小时带着孩子，警察也不可能随时陪伴，强势的霍家不会就此罢休的。难道在抚养权诉讼结束之前，自己只能生活在这种惶恐之中吗？

面对她的困惑，律师又给她出了个主意，让她调取报警记录并提交给法院，以此证明霍家不利于孩子的成长，他们缺乏发自内心对孩子的爱，他们虽然有钱，但很自私。同时，以此为证据，向法庭申请人身保护令，要求在抚养权变更之诉判决之前，霍展平及其家人不得再接近孩子。

律师说法>>>

什么是人身保护？什么情况下可以申请人身保护令？

人身安全保护令，是一种民事强制措施，是人民法院为了保护家庭暴力受害人及其子女和特定亲属的人身安全、确保婚姻案件诉讼程序的正常进行而作出的民事裁定。

在婚姻家庭案件审理过程中，常常有受害人的人身安全受威胁、精神受控制的情况。2008年3月，最高人民法院发布了《涉及家庭暴力婚姻案件审理指南》，首次提到"对被害人采取保护性措施，包括以裁定的形式采取民事强制措施，保护受害人的人身安全"。俗称为人身安全保护令或人身保护令。2012年8月，修订后的《中华人民共和国民事诉讼法》增加了"行为保全"（即人身保护令）内容，让人身保护令有法可依。

2016年3月1日，《中华人民共和国反家庭暴力法》施行，这是我国第一部反家暴法，这部法律以专门章节规定了人身安全保护令制度。明确"当事人因遭受家庭暴力或者面临家庭暴力的现实危险，向人民法院申请人身安全保护令的，人民法院应当受理"。和以前做法不同，《中华人民共和国反家庭暴力法》明确申请人身安全保护令不再依附其他诉讼，可以单独申请。保护令形式有通常保护令，有紧急保护令。保护令内容有禁止家暴、禁止骚扰、禁止跟踪、禁止接触、责令迁出等，还有其他措施。从此，人身保护令更有保护力度，更具有可操作性和时效性。

法条链接>>>

《中华人民共和国民事诉讼法》

第一百条　人民法院对于可能因当事人一方的行为或者其他原因，使判决难以执行或者造成当事人其他损害的案件，根据对方当事人的申请，可以裁定对其财产进行保全、责令其作出一定行为或者禁止其作出一定行为；当事人没有提出申请的，人民法院在必要时也可以裁定采取保全措施。

《中华人民共和国反家庭暴力法》

第二十三条　当事人因遭受家庭暴力或者面临家庭暴力的现实危险，向人民法院申请人身安全保护令的，人民法院应当受理。

第二十九条　人身安全保护令可以包括下列措施：

（一）禁止被申请人实施家庭暴力；

（二）禁止被申请人骚扰、跟踪、接触申请人及其相关近亲属；

（三）责令被申请人迁出申请人住所；

（四）保护申请人人身安全的其他措施。

2016年5月，法院作出裁定，在本案审理期间，禁止霍展平在孩子200米范围内活动，如有违反，公安机关有权对他进行拘留、罚款，情节严重将依法追究刑事责任。这是一张护身符！何静竹终于可以安心应对夺子之战。

在律师的帮助下，她提交了一系列证据，如孩子的出生证明、上次抚养费诉讼的审理文件与判决书以及霍家抢孩子时自己的报警记录等。

最终法院经审理认定，关心爱护子女，让子女健康成长是每一位父母的责任。确定孩子抚养权时应以有利于孩子成长为原则。虽然霍展平具有更好的经济基础，但孩子长期由何静竹独自抚养，改变生活环境对子女的健康成长是明显不利的。因此，综合本案情况，孩子由何静竹抚养为宜。

何静竹终于可以安心与女儿幸福地生活在一起。她说，如果霍展平能够扭转把孩子据为己有的自私心态，诚心呵护女儿健康成长，她不会拒绝他对女儿的父爱。

律师点评>>>

随着社会发展，涉及非婚生子女权益保护的案件有所增多。相对于婚生子女，非婚生子女的权益保护案件情况更为复杂，亲子关系认定是这类案件的核心与焦点。一方要求确认亲子关系，并提供了必要证据，而另一方否认并拒绝做亲子鉴定以逃避承担法定义务的情形比较常见。《最高人民法院关于适用〈中华人民共和国婚姻法〉若干问题的解释（三）》确认的亲子关系推定原则，让拒绝做亲子鉴定不再成为规避抚养义务者的挡箭牌和保护伞。

在婚姻家庭纠纷中，人身安全受威胁、精神受控制的情况并不鲜见，有些甚至最终演化为严重的刑事犯罪。相对之前的立法空白，《中华人民共和国反家庭暴力法》中明确的人身安全保护令制度具有"破冰"的重大意义。人民法院依法、适时、适度干预，有利于预防婚姻家庭纠纷中暴力事件发生，保护弱势一方免遭侵害。在面对霍家的暴力纠缠时，何静竹勇敢、恰当地运用了法律武器，有效地维护了自己的合法权益。

离婚阴谋

关键词 离婚后财产纠纷

为了上保险，李天成为孩子做了个体检，报告显示女儿是 B 型血！李天成一身冷汗，自己和前妻何慧都是 A 型血，孩子怎会是 B 型血？他不敢细想，难道来之不易的心肝宝贝不是自己的？是体检的医院搞错了，还是女儿出生的医院搞错了？他得先去找孩子的母亲——自己的前妻商量一下。

对于前妻，李天成心里五味杂陈，对这场婚姻既有懊恼，也有愧疚。为什么会愧疚呢？是他婚姻出轨吗？不是的。对于这场婚姻，李天成是尽心尽力。结婚初期，因为婆媳矛盾，小两口差点离婚。后来重归于好，又有了女儿。李天成刚松了口气，女儿周岁时婆媳矛盾再次升级，何慧坚决离婚。何慧态度坚决，不想离婚的他只能勉强答应。

李天成心怀愧疚，是因为何慧为生孩子吃了不少苦。所以离婚时，李天成不但同意女儿归何慧抚养，财产分割时也作出让步，婚后购置的一套三居室归何慧，另一套小一居归李天成，此外，李天成还每月支付孩子的抚养费。李天成觉得前妻与女儿还是自己的亲人，他还存着一丝希望，也许看在孩子分上，何慧和母亲都能各退一步，有朝一日他们还能一家团圆，因为宝贝女儿真是来之不易啊！

五年前，他与何慧新婚想要享受二人世界，李妈妈却想早点抱孙子，为此婆媳不睦。三年后，多方催促下小两口终于决定要孩子，又迟迟不见动静，李妈妈的脸色越来越难看了。

一天，李天成回家，何慧向他控诉，刚才婆婆和邻居大妈们在楼下聊天，她正准备跟她们打招呼，婆婆突然大声说："我媳妇一直怀不上孩子，谁能介绍个好大夫给瞧瞧吗？"何慧哭诉："你妈这么说话，不是跟外人说我有毛病吗？让我怎么见人啊？"

李天成知道妈妈对何慧有成见。因为何慧在单亲家庭中长大，家境贫寒，李妈妈当初不中意她。李天成夸她朴实，相亲时都是素面朝天，衣着朴素，如今这样的女孩可少了。老太太听了也觉得有些道理。

没想到，婚后何慧和以前判若两人，最爱逛街买衣服，每天都打扮得花枝招展的，一点也不朴素。对于何慧的变化，李天成倒是不介意，自己的老婆嘛，宠宠无妨。所以面对母亲的絮叨，他对妻子多有维护，加上迟迟未能抱上孙子，老太太更不高兴了，数落儿子眼神不佳，看人不准。李天成不停地在母亲与妻子之间做和事佬。

那天何慧被当众奚落，李天成也觉得妈妈有点过分，他只好安慰何慧说："这是我妈的激将法。别生气了，等我们有孩子了，这些舌根不就没得嚼了吗？"可是一晃半年过去了还没动静，沉不住气的小两口去医院检查，才发现问题出在李天成身上，医生说他很难自然生育。

回家后，何慧说："我找你妈理论去，凭什么之前挖苦我！"李天成拦住她说："我的姑奶奶，那我怎么见人啊？"

这检查结果不但让李天成难过，对盼着抱孙子的老太太肯定更是巨大的打击，她怎么受得了啊？

李天成劝何慧："医生说通过医学辅助有希望。慧啊，你再忍忍，等我们做完人工受孕有了孩子，再告诉他们。那时，你的冤屈洗清了，我也不难堪了，老太太也好受些，好不好？"看着可怜巴巴的李天成，何慧心软了，说："生完孩子，你得给我买汽车。"

随后，小两口不停地去医院，何慧一边承受人工受孕的各种痛苦，另一边还要忍受婆婆的冷嘲热讽，无比委屈。李天成深感愧疚，暗暗发誓，将来对妻子要倍加宠爱。

三个月后，何慧受孕成功，李天成向父母报告了好消息，同时也说出自己不育的情况以及何慧受孕的艰辛。此时，婆婆既高兴，又尴尬，对儿媳心怀愧疚。何慧终于扬眉吐气，现在她就是李家的第一大功臣。

本来以为阴云散去，一家人从此可以和和美美地过日子了，但好事多磨。

怀孕后何慧没再上班。这天，婆婆出门去买菜，在楼下碰到了邻居张大妈。张大妈说，李婶儿，我们那个亲戚对天成可满意了，只要天成离婚了，那边准保没问题，换个您满意的儿媳妇。

阳台上透气的何慧一探头，看见婆婆冲张大妈直摆手，又指指楼上，叫她别说了。何慧可不再忍气吞声了，大声呵斥："你们说什么呢！说清楚！什么叫李天成离婚了就没问题了！"她边说边冲下楼，一不留神，从楼梯上摔了下来。婆婆连忙扶起她，可是情况不妙，何慧的肚子开始痛了，虽然及时送到医院，还是流产了。

现在的何慧哪肯善罢甘休？李天成指天发誓，老太太们之间的闲聊，跟他没有半点关系。何慧是相信李天成的，但她出院后就回了娘家，并提出离婚。盼星星盼月亮盼来的孩子没了，妻子还要离婚，李天成别提多沮丧了。任凭李家母子多次上门赔罪，何慧都没回心转意。

三个月后，李天成悲观绝望之际，何慧突然自己回来了。她说，经过她妈妈的劝说，决定再给这场婚姻一次机会，再做一次人工受孕手术。

何慧的转变让李天成欣喜若狂，丝毫没有察觉这背后隐藏着一个阴谋。

第二次胚胎植入手术时，李天成在外地培训，何慧自己去的医院。一切都很顺利，何慧又怀孕了！李天成激动地感谢上苍恩赐。

何慧提出回娘家养胎。李天成一想也好，上次的事情发生后，婆媳俩都有些别扭。何慧回娘家住，大家都舒心自在，李天成经常过去陪她。十个月后女儿甜甜出生了，全家人喜笑颜开。

出院后，李天成把母女俩接回家，但他发现生了孩子之后，何慧变得暴躁易怒。原来自己的妈妈是多么强势的人啊，现在看在孙女的份儿上，变得小心翼翼。可是何慧的脾气越来越古怪，闹得家里鸡犬不宁，动不动就要回娘家。李天成想可能在娘家她会舒心些，等孩子大一点再说吧。于是女儿刚满月，何慧带着孩子又回了娘家。

女儿满周岁之后，婆婆亲自去何慧娘家，希望接孙女回来。何慧说什么也不愿意，又与婆婆大吵一架。她再一次提出离婚，这一次比以往更坚决，无论李天成如何劝解都无济于事。她说，你不同意离，我们就法庭见！孩子这么小，又是女孩，抚养权你休想得到，你看着办吧。

如果真要争夺女儿的抚养权，单凭不育的缺陷，李天成也是有筹码的。可是他也不想家丑外扬，万般无奈，两人协议离婚了。念及女儿，李天成还心存希望，有朝一日能破镜重圆。

不育的缺陷和一波三折的婚姻，使李天成大受打击，他将女儿甜甜视为珍宝，但如今看着体检报告，女儿万一不是自己亲生的，那该怎么办啊？他一路都在打何慧的电话，一直未打通。

正心烦意乱的时候，李天成又接到房屋中介莫名其妙的电话，说正在带客户看他的一居室，跟他核实租户的情况。什么乱七八糟的，憋着气的李天成冲中介吼了一顿。

一居室是离婚时分给李天成的。半个月前，何慧来找他商量，因为学区调整，那房子成了学区房。为了满足入学年限，何慧让李天成把房子过户到她名下，把她和女儿的户口落在这儿。但仅办手续，房子还归李天成，租金也归他。将来女儿上完学，再把房子过户给李天成。

为了宝贝女儿，李天成怎会有丝毫犹豫？上周他们就办了过户手续。现在中介说他要卖房子！李天成挂断了电话。

可这中介锲而不舍又打来电话，说："您听我解释，是房主何慧委托我们卖房，但我们发现房子正出租，租户出示的租赁合同是与您签订的。为了慎重起见，避免纠纷，我们想跟您核实一下情况。"

听到这里，李天成愣住了，他反复琢磨中介的那句话，房主何慧要卖房……她不是说为了女儿上学而落户吗？她不是说房子还是我的，女儿上完学就过户还给我吗？她居然在卖房！女儿血型还不对！两件事加一起，李天成觉得天旋地转，何慧你到底在干什么？！

李天成来到何慧家门口，一个男子从家里出来，那男子长得与女儿甜甜太像了。手里紧紧攥着孩子的体检报告，李天成还需要问什么？他现在就想知道何慧为什么对他如此残忍。

他冲进去，一把拽起在沙发上看电视的何慧，一顿咆哮。何慧一阵慌乱之后，镇定下来，她梗着脖子说，她要拿回自己应得的补偿。

这到底是怎么回事？其实李妈妈没说错，李天成确实不曾了解真实的何慧。

当初何慧素面朝天地去和李天成相亲，不是因为她朴素，而是因为她在敷衍。

她当时正与男友宋君生热恋。何慧自幼丧父，妈妈靠做临时工拉扯她长大。而宋君生家境更贫困，何妈妈坚决反对他俩好，不光嫌他穷，更厌恶他的甜言蜜语。何妈妈很中意别人介绍的李天成，李天成家庭不错，人也忠厚。何慧是被母亲逼着和李天成相亲的，她素面朝天、衣着简朴地来敷衍，歪打正着地打动了李天成，李天成开始热情追求何慧。

这事儿很快被男友宋君生知道了，宋君生大为恼火，不管何慧如何解释，他都不肯原谅。而李天成的确条件不错，何慧架不住母亲的压力，和他结婚了。

婚后何慧得到了不错的物质条件，但不可能事事尽如人意，婆婆的挑剔让她很不痛快。加上李天成的生育缺陷，所以第一次流产后，何慧对婚姻开始动摇，回娘家小住。

恰逢此时，前男友宋君生回乡了，当年分手后宋君生外出打工，一晃五六年，听说他混得不错，说要衣锦还乡回来创业。得知宋君生依然孑然一身后，何慧心里立刻掀起波澜，宋君生知道何慧的婚姻并不幸福后，两人一拍即合，决定再续前缘。

何慧恨不得立刻和李天成离婚，但宋君生却要她少安毋躁、从长计议。何慧迷惑不解。原来对于当初李天成的横刀夺爱，宋君生一直怀恨在心。他说你这么提离婚，分不到仨瓜俩枣的。你把最好的青春给了他，受那么多委曲，得让他好好地补偿你。

何慧更迷惑了，自己主动要离婚，能额外捞到什么好处啊？就算李天成肯，他妈也不会肯啊。宋君生给她出了一个瞒天过海的主意。

"李天成不是盼子心切吗？"宋君生说，"你将计就计，先假装回去，替他生个孩子。"

何慧当时就炸了："生了孩子，那一辈子都和他牵扯不清了！"但宋君生强调："不是真的替他生孩子！"

原来，何慧根本就没有第二次接受胚胎移植手术，她怀的是宋君生的孩子。被蒙在鼓里的李天成一直认为女儿甜甜是自己唯一的血脉，把何慧奉若恩人。

孩子出生之后，宋君生又授意何慧开始他们第二步计划——离婚分家产。念及何慧做试管婴儿承受的痛苦，加上对孩子的疼爱，离婚时，李天成心甘情愿地把大部分财产留给何慧。

至此，何慧与宋君生的计划完美落幕，但人心不足蛇吞象。

半年后，听说李天成名下的一居室成了学区房，升值了不少，宋君生感叹，要是能让李天成把那套房子也给何慧就好了。

何慧说："知足吧，他把大部分财产分给我们了，还每月给女儿抚养费。再说婚都离了，人家怎么还会把财产给我？"

宋君生狡猾地一笑说："别忘了，那傻子不一直拿咱们女儿当他的宝贝吗？拿孩子作筹码，他一定会就范。"

何慧不禁感叹："你真是阴险狡诈啊！算了吧，人家也就留了那一套房子。"宋君生又挑唆何慧道："他爸妈不还有房子吗？难道你不记得在他们家受的气、遭的罪了？你不是说他欠你的，一辈子也还不完吗？"

在宋君生的怂恿下，何慧真以女儿上学为幌子，要求李天成过户房产，对她完全信任的李天成爽快地答应了。房子到手后，宋君生决定尽快将房子卖掉，以免夜长梦多。日后就算李天成发现被骗，但房没了，钱花了，他也没辙。

没想到委托的中介很认真，打电话核实情况，引起李天成怀疑。

面对愤怒的李天成，何慧无法编出更好的解释，她承认女儿的真实身份和他们的阴谋。

残酷的真相让李天成心痛不已，最让他伤心的，不是宋君生的算计，而是何慧的绝情。她的怨恨怎么这么深？自己心甘情愿、倾其所有地补偿她，曾暗暗发誓，要终其一生尽力照顾她们母女俩，但所做的一切都不能平复她心里的怨恨。还利用他对孩子的深厚感情将他仅剩的栖身之所骗走，而她明明知道女儿不是他的，这是李天成最无法接受、无法原谅的！

何慧还替自己辩解："跟你结婚五年，一个女人最好的五年，我窝囊透了！你给了我什么？！除了一次次忍气吞声，就是一次次医院手术。问题出在你身上，罪受在我身上。不光身体受罪，还得受着你妈的挖苦讽刺，邻居的流言蜚语，为了你，我忍了。要你房子怎么了？我就是不解气，那是对我青春损失的赔偿！反正离婚协议是你自愿签署的，房屋过户也是你亲自办的。现在后悔已经来不及了！"

李天成彻底心寒了，别人说一日夫妻百日恩，为什么何慧会对自己却毫不手软？难道真的像她所说的，自己现在束手无策吗？他不甘心，便找到律师寻求帮助。律师建议他，趁着离婚还不满一年，赶紧提起案由为离婚后财产纠纷的诉讼。

什么是离婚后财产纠纷？为什么律师特别强调离婚不满一年的期限？李天成能把房子要回来吗？

离婚后财产纠纷，即男女双方协议离婚时达成了财产分割协议，之后，因协议的履行又产生争议，而发生纠纷。

我国法律规定了两种离婚方式，一是协议离婚，二是诉讼离婚。

诉讼离婚后，在法院的生效法律文书（判决书、调解书、裁定书）中已经处理的财产，当事人不得再次起诉，仍有争议可以通过申请再审的途径寻求救济。如因某种原因在离婚案件中未审、漏判的财产，可以另行起诉。

所以离婚后财产纠纷，仅发生在以协议方式离婚的当事人之间。离婚后，当事人因离婚财产分割问题再次发生纠纷的，可以向法院提起诉讼。

离婚后财产纠纷主要包括以下几种情形：第一种情形是，当事人因离婚财产协议的履行发生争议；第二种情形是，当事人要求分割离婚协议中提及的财产，实践中，这种情形多为一方离婚后，发现了对方离婚时隐瞒了婚姻关系存续期间取得的财产或其他收益，从而主张再次分割而产生的纠纷；第三种情形是，当事人协议离婚后就离婚协议中已经约定好的财产分割问题又反悔而产生纠纷。

前两种情形都适用民事诉讼中普通诉讼时效的规定，按照《中华人民共和国民法通则》规定，普通诉讼时效为两年，2017年颁布的《中华人民共和国民法总则》将民事诉讼时效调整为三年。

第三种情形比较特殊，权利人应当在协议离婚后一年内提出主张，要求变更或撤销财产分割协议，并且当事人需要向法院证明订立财产分割协议时是被欺诈、受胁迫的，其主张才能得到法院的支持。

因此，律师会特别提示注意一年的期限，李天成需要承担证明自己是在被欺诈、被蒙蔽的情形下签署的财产分割协议。

法条链接>>>

《最高人民法院关于适用〈中华人民共和国婚姻法〉若干问题的解释（二）》

第九条　男女双方协议离婚后一年内就财产分割问题反悔，请求变更或者撤销财产分割协议的，人民法院应当受理。

人民法院审理后，未发现订立财产分割协议时存在欺诈、胁迫等情形的，应当依法驳回当事人的诉讼请求。

《中华人民共和国合同法》

第五十四条　下列合同，当事人一方有权请求人民法院或者仲裁机构变更或者撤销：（一）因重大误解订立的；（二）在订立合同时显失公平的。一方以欺诈、胁迫的手段或者乘人之危，使对方在违背真实意思的情况下订立的合同，受损害方有权请求人民法院或者仲裁机构变更或者撤销。当事人请求变更的，人民法院或者仲裁机构不得撤销。

《中华人民共和国合同法》

第五十五条　撤销权的消灭

有下列情形之一的，撤销权消灭：

（一）具有撤销权的当事人自知道或者应当知道撤销事由之日起一年内没有行使撤销权；

（二）具有撤销权的当事人知道撤销事由后明确表示或者以自己的行为放弃撤销权。

李天成向法院提起了诉讼，要求撤销离婚协议中财产分割的部分，撤销一居室的房屋赠与协议，重新分配夫妻的共同财产。而且女儿不是他的，他要求何慧返还抚养费，并且赔偿精神抚慰金。

那李天成的要求能得到法院的支持吗？

李天成的要求基于两个不同的法律关系，是两个案件。三居室是在离婚协议中处理的，该争议系离婚后财产纠纷，李天成在离婚后一年内提出主张，法院予以受理。一居室是在离婚后赠与的，系合同纠纷。适用《中华人民共和国合同法》关于赠与合同、可撤销合同的相关规定。李天成在知道权利被侵害时起一年内，主张合同撤销权，法院予以受理。两案可以合并审理。

经审理，法院对李天成的各项请求进行逐一分析与认定。

首先，协议离婚时，何慧故意隐瞒女儿是与他人所生的事实，致使李天成在被欺诈的情形下，作出财产分割决定，且在协议离婚后一年内提出撤销请求，法院予以支持，撤销离婚协议中关于财产分割的约定。依法重新分配夫妻共同财产。

其次，一居室的赠与，同样是因为何慧的欺诈行为，导致李天成对孩子的身份形成错误认识，从而作出违背自己真实意愿的赠与行为，依法应予撤销。

另外，何慧在夫妻关系存续期间，违背忠诚义务，与他人生育子女，存在过错。

最终法院作出判决如下：夫妻共同财产中价值较大的三居室归李天成所有，价值较小的一居室归何慧所有；另外，法院认为，夫妻互相忠实，是传统美德，也是法定义务，何慧婚内生育他人之子，对李天成造成精神损害，李天成主张返还子女抚养费及精神损害赔偿于法有据。法院判决何慧偿还李天成抚养费8万元，酌定何慧赔偿李天成精神损害抚慰金3万元。

这场处心积虑的阴谋最终没能得逞。

何慧又收到了公安机关的通知，宋君生被刑拘了。原来一心想暴富的宋君生在外乡创业时早已欠下巨款，一年前，他把合伙人的钱卷走逃回家乡，现在被人举报，终于落网了。他不择手段地想骗取李天成的财产，就是想变现后弥补之前的窟窿，可是机关算尽，最终也鸡飞蛋打。

因为他们的所作所为，让何慧母亲的心脏病发作，临终前她痛心地责备何慧，你埋怨我当初嫌贫爱富，你哪知道，我不是嫌宋君生穷，而是他心术不正！

此时的何慧痛心疾首、追悔莫及！

律师点评>>>

敦煌出土文物唐代《放妻协议》中说："若结缘不合，比是怨家，故来相对……既以二心不同，难归一意，快会及诸亲，各还本道……解怨释结，更莫相憎。一别两宽，各生欢喜。"意思是说：如果我们结合在一起是错误，不如痛快地分手来得超脱，也胜过两人看不顺眼互相挤对。分开后，两个人都各自快活、自由。

唐代人尚有好合好散的胸襟，反观现在，离婚后夫妻双方甚至两家人彼此纠缠的情形依然常见，争议与纠纷层出不穷，有些人甚至反目成仇，引发暴力刑事案件。

一桩婚姻走向解体，双方必然郁积了很多怨恨。离婚后，是否能抛开胸中怨气，各自开始新的生活呢？很多人像本案中的何慧一样做不到、放不下。

在律师代理的离婚案件过程中，律师们常常发现，离婚诉讼打到最后，演变成了当事人的一场"自尊保卫战"，为了维护面子，为了报复对方，不惜用极端的伤害手段对决到底。其实给对方留点尊严，等于保护自己。

离婚，最能考验一个人的修为。不是所有的离婚夫妻都会反目成仇，纠结过去并不会让自己的未来更美好。原谅他人，也是成全自己。

骗我钱的姐妹来求救

关键词 自首的认定

这天，正在上班的韩晶手机响了，上面显示的是一个境外的陌生电话号码，韩晶犹豫了一下，还是接了，电话里竟然传来她多年的同学、曾经的好友周艳的声音，她哭着说："韩晶我对不起你……"一听到周艳的声音，韩晶气得手直哆嗦，正要质问她躲到哪儿去了，却听到电话里传来周艳急促的声音："你一定要救救我，帮我报警，不然我就要被人贩子卖掉了。"接着，她快速说了自己的位置，很快把电话挂了。

听筒里传来"嘟嘟"的忙音，韩晶直发愣。刚才真的是把自己骗得那么惨的周艳吗？周艳骗了她120万元之后不知去向，现在却打来电话向自己求救，韩晶的心情无比复杂。

耳边回荡着刚才电话里周艳哭泣的声音，她逃到了边境，怎么又会被人贩子卖掉呢？韩晶切实地感受到她的恐惧，周艳的处境应该很危险，不然不会向自己求救。虽然她把自己害得不浅，但毕竟是从小一起长大的朋友，韩晶又开始替她担心起来，赶紧报了警。

韩晶和警察是很熟悉的，因为周艳诈骗她120万元的案件是警方侦办的重要案件之一，而周艳也是警方正在通缉的逃犯。韩晶和周艳之间到底发生了什么呢？那要从两年前发生的一件事说起。

2014年8月，韩晶的老公要和朋友一起合伙做生意，需要一大笔启动资金。他和韩晶商量，决定把当初结婚时买的这套房子拿去抵押，贷款去做生意。对于性格沉稳的韩晶来说，这是她做的最具冒险精神的一次决定了。韩晶来到房产交易大厅，凝重地向工作人员递上自己的房产证，申请办理房产抵押的手续。工作人员审查之后，抬起头用警惕的眼光看着她："你的房子去年已经办理了抵押，贷款120万元，你给我的房产证是假的。"

韩晶当时就懵了，我的房子被抵押了！贷了120万元！那钱去哪儿了？这房产证一直放在家里，从未动过，怎么会是假的呢？

正在她犯懵的时候，工作人员叫来了值班领导，对韩晶说："你交给我们的是假的房产证，我们不能还给你。如果你说之前房子抵押不是你自己办的，我们建议你报警。如果你不报警，我们也要报，您看呢？"紧张万分的韩晶当即说："我来报警！"

韩晶被这突如其来的状况吓得六神无主。警察很快赶到现场，迅速展开调查。房屋登记中心也很重视，他们调取了当时办理房产抵押的全部手续，送到了派出所。当民警找韩晶核对时，令她难以相信的是，抵押房屋登记使用的自己的身份证是假的，那假身份证上的女子竟是自己的情同姐妹的好友周艳。难道真是她干的？自家的房产证怎么被她偷梁换柱的呢？

韩晶和周艳是初中同学，还是形影不离的好朋友。后来两人都考上了大学，学的都是金融专业，毕业后韩晶去了一家事业单位，而更有闯劲的周艳到了一家私企工作。

两年后，两人也都走入婚礼的殿堂。韩晶和丈夫买了一套住房，父母为了帮衬孩子，把自己的一套房子过户给女儿韩晶，让他们出租，这样韩晶名下有了两套房产。

周艳嫁给了建材商人武洪兵，婚后她干脆辞职。善于交际的她认识了一个做投资的朋友，每次她和韩晶见面时，总会灌输她不少投资的理念，比如，她说只要手里握有大量的现金，就有很多赚钱的机会。每次听周艳侃侃而谈，韩晶总是充满崇拜，在她眼里，周艳就是比自己能干，不像自己只想着过小日子。

后来，周艳拿着全部积蓄做起了投资生意。几年下来，周艳夫妇靠投资二手房、股票、基金等赚了不少钱，房子车子买了又换。

相比之下，韩晶的日子过得拮据得多，每个月都要计划着各种生活开销。女人总是爱攀比的，韩晶看周艳今天买条名牌裙子，明天买条金项链，日子过得随心所欲，她的郁闷之情可想而知。周艳每次去韩晶家都会带上各种礼物，逢年过节的时候，还会给韩晶的孩子一个厚厚的红包，说这是她当干妈的对孩子疼爱。

周艳对自己的好，韩晶都看在眼里，记在心里。周艳的丈夫应酬多，周艳常一个人在家，韩晶就隔三岔五把周艳叫到自己家里来吃饭。周艳也毫不客气，几乎把韩晶家当成了自己家。多年过去，两人之间没有任何秘密，就连对方藏了多少私房钱，都一清二楚。就是这样的好闺蜜，怎么可能干出坑骗自己的事情呢？自家的房产证又是怎么被偷梁换柱拿去做了抵押呢？

此时，韩晶心中仍然对周艳抱有一丝希望，她希望这可能是个误会。冷静半晌后，韩晶缓缓拿出手机，拨通了周艳的电话。"喂，亲爱的，我现在在派出所，我有点事情问你。"韩晶的声音有些颤抖。"你怎么去派出所了啊？发生什么事了？"电话里传来周艳惊慌失措的问话，还没等韩晶继续问下去，周艳就挂断了电话。韩晶再拨过去，周艳已经关机了。韩晶的心瞬间就凉了。周艳的表现，让警察认定她有重大嫌疑，对于周艳涉嫌诈骗一案开始立案侦查。但周艳却像人间蒸发了一样，从此消失得无影无踪。鉴于周艳无法传唤，四处查找无果之后，公安局发出了通缉令。

此后，韩晶多次询问案件的进展，都没有周艳的音信，和她一起失踪的还有她丈夫武洪兵。正当韩晶觉得索赔无望之时，今天突然接到周艳的电话，对自己说对不起，还说她正在云南边境，要被人贩子卖掉，希望韩晶来救自己。这一年多都发生了什么？

根据韩晶提供的线索，警察在云南边境的小旅店里找到了周艳，从一个跨国犯罪集团的手中将她解救出来。这是一个在中国云南边境活动的犯罪团伙，如果警察晚一点到，周艳很可能就会被拐卖到境外去了。这次警察一共解救出十几名中国人。经过警察核实身份后，这些人有的被家人接走、有的被送回原籍，而周艳作为网上通缉的在逃人员，被警察押解回京。

韩晶得知周艳被警方解救并押解回京后，恨不得立刻见到她，问问这个多年的好友，为什么要骗自己，又为什么会被人贩子拐卖到了边境。

在看守所看到韩晶，周艳很羞愧，曾是情同姐妹的好友，没想到却以这样的方式再见面。周艳是怎么瞒着韩晶拿她的房子去办的抵押呢？这一年多的时间，她又怎么会落得如此地步呢？这还得从一年多以前说起。

原来当初周艳投资做得火爆都是假象。周艳向来心气比较高，可是当她进入职场后发现，想飞黄腾达就像中彩票一样希望渺茫。后来她又想嫁个有钱人，经人介绍认识了做建材生意的武洪兵，也就是后来她的丈夫。虽然武洪兵年过四十，还离过婚，可听说他一度是当地建材市场的领军人物，周艳顿时很激动，丝毫不介意他的年龄、婚史等，很快结了婚。婚后周艳才发现，武洪兵的光辉时代早已是过去式了。因为他入行早，也胆大，抓住了一个迅速发展的契机，确实一度生意很好。但随着行业监管日益严格，市场竞争也更加激烈，文化程度不高、缺乏金融专业知识和市场运营能力的武洪兵很快就被后起之秀超越，现在他的公司只是勉强维持，利润微薄了。

可是婚已经结了，好强的周艳总不能让别人笑话她看走眼了吧。于是，周艳一心想学别人打开融资渠道，把丈夫的生意再盘活起来。她粗略学了些投资融资知识，便越来越觉得实体生意挣钱太辛苦，来钱太慢，而那些有钱人挣钱却很容易。于是鼓动老公转让了门面，专门做投资。股票、房产、基金、民间借贷等，他们都尝试过，刚开始还挣了不少钱。

但后来，随着股市的大幅波动，加上对民间融资的整治，周艳的投资遭到重创，股票连连亏损，放出去的贷款好多都收不回来。可她认为这只是运气不好，并且坚信只要能搞到本钱，不但能挽回损失，还能大赚一笔。当然，她认为必须结识更有钱的人，才能更容易借到钱，才能做更大的生意。于是，她穿名牌开豪车，刻意包装成一副很成功的样子。又想尽各种办法找钱，先找亲戚朋友高息借了不少钱，还办了几张高额度的信用卡非法套现。

但她还不满足，又通过配资杠杆，从配资公司借来大笔的资金，全部投到股市里。

哪知屋漏偏逢连夜雨，为了整顿非法配资行为，政府开始加大监管力度，而股市的波动很快跌破了周艳的配资底线，无力补充保证金的她被强行平仓，血本无归。短短几个月，周艳的亏损达到100多万元。看着这个巨大的亏空，她心慌了。她的本金除了借来的，还有不少来自信用卡透支和借贷，这可怎么办？信用卡和融资的还款期限很快就要到了。别无他法，她跟丈夫武洪兵商量，想拿家里的房子去抵押贷款。没想到遭到武洪兵的严厉拒绝。他撂下狠话："当初是你一门心思地要投资，怂恿我把店卖了，现在还惦记我的房子呢，你要是敢打我房子的主意，我饶不了你！你别打我的主意，找你爸妈、你朋友去想办法。那韩晶不是有两套房吗？"

这话让周艳颇为震惊，原来丈夫和自己是可以有福同享，但不能有难同当。她说："韩晶那么胆小，怎么可能会同意把房子抵押借钱给我？"可是武洪兵却说了："你傻啊，你告诉她，她当然不会答应的。你不是跟她那么熟吗，你不会悄悄地抵押了，到时再按时把钱还上，不就没事儿了吗？再说了朋友不就要在关键时候发挥作用的吗？"周艳白了丈夫一眼，但却颇为心动，开始思考如何拿到韩晶的证件。

正在这个时候，韩晶来找她帮忙了，她说有个特价出国游的机会，由于时间紧迫必须加急办护照，问周艳能不能帮她想办法。周艳觉得机会来了，她对韩晶谎称自己有熟人，两天便可取证，深信不疑的韩晶立刻把自己的身份证和户口本交给了周艳。周艳如愿获得了韩晶的身份信息。她用自己的照片办了一张韩晶名字的假身份证，还配了她家的房门钥匙。

就在韩晶出国旅游期间，周艳在韩晶家里找到了她的房产证，并伪造了一份假证，又把假的房产证放回韩晶家里。之后，周艳拿着真的房产证和假的韩晶身份证去房管局办理了房屋的抵押贷款，贷了120万元。

有了钱，周艳偿还了自己的紧急债务和信用卡，还投资了一些股票，又买了漂亮的衣服和首饰，把自己又高调地武装起来了。周艳还以投资赚了钱为由，邀请韩晶与自己一同前往海南旅游。在椰风树影的海边两个好朋友尽情地奔跑嬉戏。只是韩晶做梦也不会想到这些钱都是拿自己的房子抵押而获得的贷款。真是应了那句，日防夜防，家贼难防，伤害你最深的，往往是你最熟悉的身边人！

剩下的钱，周艳本来想彻底去还掉那些欠款，尤其是高利贷，这利息滚得让人心惊肉跳。可她丈夫武洪兵却说："你傻啊，学了那么多投资理念，不知道现金就是资源啊？好不容易弄到的钱，你这一还，不就没本钱了，一点儿翻身的机会都没有了。现在是最好的翻身机会，你得好好利用这笔钱！"周艳又被他说动了，经不住利益的诱惑，把这笔钱又投资出去了。周艳祈祷时来运转，可是奇迹没有发生，钱很快又亏没了。

当拿韩晶的房子抵押来的120万元都亏没了之后，周艳真的焦头烂额了。而这时武洪兵又鼓动她去打她爸妈房子的主意，周艳可不干了，说："你个骗子，开始就骗我是个大款，搞了半天，一直在算计我的钱，连带我朋友的钱，我爸妈的钱！快把我们现在的房子卖了，把韩晶的房子抵押钱先还了，不然我就跟你离婚！"

这时武洪兵开始狞笑，他说："我还以为你有多会挣钱呢！离婚可以，我的房子是我婚前的，跟你没半点关系，韩晶的房子是你抵押的，钱是你花的，跟我没半点关系！"

周艳这时才幡然醒悟，自己一心想通过婚姻轻松地得到财富，没想到物以类聚，武洪兵也抱着这个想法，只想在自己身上索取。

可是现在该怎么办？欠银行的钱怎么还？韩晶房子的抵押贷款怎么还？她无数次想去跟韩晶坦白，乞求她的原谅，可是她怎能放下自己多年来树立的能干、有钱又潇洒的形象，承认自己是个穷光蛋呢？

但钱终究要还啊，她和武洪兵都不断地逼对方想办法弄钱，两个人的关系越来越僵。正在她焦头烂额的时候，接到韩晶从派出所打来的电话，从韩晶那极力克制、略带颤抖的声音里，周艳知道，事情败露了，她和武洪兵赶紧逃跑了。

可逃跑一年多，她又怎么会差点被卖掉呢？

周艳和武洪兵被通缉，他们都不敢用自己的真实身份，也不敢在繁华的大城市逗留，一直逃到边远的云南边境，靠打零工维持生活。这种隐姓埋名、朝不保夕的生活，让两个人的矛盾不断升级，周艳说武洪兵是个骗子，武洪兵埋怨周艳是个败家子。可即便是这样相互指责，日子还是得过啊。不安于穷困的武洪兵还幻想着要东山再起，可是连真实身份都不敢暴露的他们能干什么呢？

无聊的生活总需要些娱乐，闲来无事的武洪兵总是凑热闹地看当地人打牌。在他眼里，这些人打牌都是小儿科。渐渐地他靠打牌赢的钱都能维持生活了，他洋洋得意地对周艳说，这边境的人就是简单淳朴，和他的智商不可相提并论。

这天，有人无比崇拜地夸他，您是赌神再世啊！那人还说附近有一个很大的赌场，不用自己出本钱，先给一大把筹码，赚了再还就是了。如果武洪兵去了，还不得赚一卡车钱回来啊。武洪兵很是心动，跃跃欲试。而周艳有些担心，她说："赌博是违法的啊！"武洪兵嘲笑她："你拿韩晶的房子去抵押就合法了？"

很快，有人以最隆重的待遇，邀请武洪兵去赌场，周艳也期待他腰缠万贯地回来。可是没过两天，周艳就接到武洪兵打来的电话，让她筹10万元去赎他。这是怎么回事？

原来，那是一个非法团伙开设的境外赌场。武洪兵刚开始还赚了不少，但很快就大笔大笔地输，没多久就欠了好几万元，他不断地冒冷汗。

晚上，欠了钱的武洪兵被蒙上眼睛，带到一个破烂不堪的院子，之后被推进一间屋子，屋里，一字排开，跪着6个人，低着头，面如土色。原来这6个人也是被骗来赌博而欠下高利贷的。那帮人用各种非人的方式逼迫他们向家里打电话要钱，钱如果没有如期到账，等待他们的将是人间地狱般的凌辱。武洪兵被吓倒了，这时他们让他打电话让家人汇钱，他只好拨通了周艳的电话。

周艳在电话里就大声叫嚷："我到哪儿弄那么多钱？你把我卖了也没这么多钱啊？"她哪里知道就是这句话，让她之后身陷险境。

武洪兵作为一个逃犯，除了周艳，他不敢给任何人打电话。逼了几天之后，歹徒看从他身上确实榨不出来钱来，就真的打起了贩卖周艳的主意。于是他们骗周艳说把本金还了就可以接走武洪兵，还派两个小弟给她带路，途中，周艳无意中听到了那两个小弟的对话，说正要把她卖到一个境外的山村。惊慌失措的周艳找了个借口出来，偷偷跑到小卖部给韩晶打了那个求救电话。她宁愿回去接受法律的制裁，也要逃离那人间地狱。

在当地警察和境外警方的配合下，成功打掉了这个境外非法赌场，解救出十多名中国人质，其中也包括周艳和武洪兵。回来后，等待周艳的将是法律的审判。

在案件的审理过程中，周艳给韩晶打电话这个行为是否构成自首，成为控辩双方的焦点。

法条链接>>>

《中华人民共和国刑法》

第六十七条　自首

犯罪以后自动投案，如实供述自己的罪行的，是自首。对于自首的犯罪分子，可以从轻或者减轻处罚。其中，犯罪较轻的，可以免除处罚。

被采取强制措施的犯罪嫌疑人、被告人和正在服刑的罪犯，如实供述司法机关还未掌握的本人其他罪行的，以自首论。

犯罪嫌疑人虽不具有前两款规定的自首情节，但是如实供述自己罪行的，可以从轻处罚；因其如实供述自己罪行，避免特别严重后果发生的，可以减轻处罚。

本案中，周艳让韩晶打电话报警算不算自动投案呢？检察官认为，周艳让韩晶帮忙报警，是希望得到解救，并非自动投案。而辩护律师认为，周艳明知自己正被通缉，仍请韩晶帮助报警，她预知自己将归案，应当认定为自动投案。

到底该怎么认定自动投案呢？

法条链接>>>

《最高人民法院关于处理自首和立功具体应用法律若干问题的解释》（法释〔1998〕8号）

第一条　根据刑法第六十七条第一款的规定，犯罪以后自动投案，如实供述自己的罪行的，是自首。

（一）自动投案，是指犯罪事实或者犯罪嫌疑人未被司法机关发觉，或者虽被发觉，但犯罪嫌疑人尚未受到讯问、未被采取强制措施时，主动、直接向公安机关、人民检察院或者人民法院投案。

犯罪嫌疑人向其所在单位、城乡基层组织或者其他有关负责人员投案的；犯罪嫌疑人因病、伤或者为了减轻犯罪后果，委托他人先代为投案，或者先以信电投案的；罪行尚未被司法机关发觉，仅因形迹可疑，被有关组织或者司法机关盘问、教育后，主动交代自己的罪行的；犯罪后逃跑，在被通缉、追捕过程中，主动投案的；经查实确已准备去投案，或者正在投案途中，被公安机关捕获的，应当视为自动投案。

并非出于犯罪嫌疑人主动，而是经亲友规劝、陪同投案的；公安机关通知犯罪嫌疑人的亲友，或者亲友主动报案后，将犯罪嫌疑人送去投案的，也应当视为自动投案。

犯罪嫌疑人自动投案后又逃跑的，不能认定为自首。

在本案中，周艳明知自己是被通缉的，还要求韩晶帮忙报警，符合上述法条列举的情形，应当视为自动投案。到案后周艳如实供述自己的犯罪经过，符合自首的要件。

庭审中，周艳向韩晶痛哭忏悔。韩晶百感交集，自己曾无数次想象，有朝一日，要如何狠狠地质问周艳。可是现在，看到周艳被悔恨和痛苦折磨的样子，她又生出心痛和同情。在庭审的最后时刻，韩晶出人意料地原谅了周艳，希望法院能给她从轻判决，让她早日回归社会，重新开始生活。韩晶的谅解，让周艳低头痛哭，内心无比惭愧。

最终法院判决，周艳以非法占有为目的，以虚构事实的手段，骗取他人财物，其行为构成诈骗罪。鉴于其具有自首情节，且取得被害人韩晶的谅解，依法从轻判处有期徒刑十年。

律师点评>>>

好逸恶劳，贪慕虚荣，盼着一夜暴富，是有些年轻人的坏毛病，这样浮躁的心态往往把人带入歧途，害人害己。为了满足虚荣，有人负债摆阔，有人以青春和婚姻作交换；更有人利用手中权力进行权钱交易；还有的人像周艳这样，不惜损害他人的利益甚至生命，坑蒙拐骗，但每个人终将为自己的错误行为埋单。周艳东躲西藏，连基本的人身安全都无法保障，最后不得不向被她坑害的好友韩晶求救。韩晶的以德报怨，让她惭愧与忏悔，但她终将失去十年自由。

经历这件事，韩晶也从中吸取了教训，警方也以本案为例，向群众作出提示，涉及个人身份信息的身份证、房产证、驾驶证、护照等证件及银行卡、家中钥匙等物品，一定要妥善保管，不要轻易外借他人，以免给别有用心的人可乘之机，避免造成不必要的损失。

飞来的巨款惹风波

关键词 侵占罪

这天，正在上班的吴晓玲突然接到一个陌生男子的电话，约她在公司楼下的咖啡馆见面。这个人不容拒绝的语气让吴晓玲满腹疑虑地下楼了。

见面后这名男子说受好友的临终嘱托，将一张银行卡交给她，卡里有100万元。吴晓玲惊呆了，银行卡的主人年纪轻轻怎么就去世了呢？他干吗要给我这么多钱呢？

这个去世的人是吴晓玲的前男友刘兴。

十年前，吴晓玲和刘兴是一对甜蜜的校园情侣。

八年前，因为毕业去向、家境差异，这对情侣遭到晓玲父母的坚决反对而分手。刘兴南下打拼，留下话，一定要混出个样儿来，才见晓玲。

五年前，吴晓玲和周海结婚，几乎同时传来刘兴命悬一线、正在抢救的消息。就在吴晓玲婚礼前一天，得知消息的刘兴连夜从外地驾车赶来，在路上发生了严重车祸。婚礼结束后，吴晓玲从同学兼好友何芳那里听说刘兴正在医院抢救，心里十分难受。又得知刘兴父母正为医疗费一筹莫展，吴晓玲想都没想，把婆家给的10万元彩礼钱，瞒着丈夫，通过好友何芳，给刘兴交了医疗费。

恋爱期间，周海就知道晓玲学生时代有个情投意合的男友，总是不停追问，吴晓玲就轻描淡写地说，校园恋情挺单纯的，因为毕业就分手了，也没联系了。可是周海还不相信，还向吴晓玲的同学何芳打听，何芳当然没有实话实说。

因此，吴晓玲哪敢告诉丈夫她的彩礼成了前男友的救命钱，只好骗他说这些钱都留给了娘家，这让周海对岳父岳母很有意见。

幸亏手术顺利，刘兴脱离了生命危险，几个月后康复了。许多同学去接他出院，但吴晓玲没有出现，刘兴托何芳转告晓玲，谢谢她的慷慨相助，将来一定倾力回报。之后同学们再也没有他的消息。

婚后的生活安稳平静，吴晓玲偶尔也会想起刘兴，不知他近况如何。不料时隔5年，吴晓玲收到的竟是他病逝的噩耗，还有托人转交的100万元。来找吴晓玲的人是刘兴的创业伙伴。听他说，刘兴这五年没日没夜地工作，当他们创办的公司已经初具规模时，刘兴却因为长期生活不规律被查出胃癌晚期，没几个月就宣告不治。临终前刘兴嘱托好友一定将他的股份折现，交给吴晓玲，偿还欠款，了却他最大的心愿。

拿着刘兴偿还的巨款，吴晓玲心情无比沉重。她多希望还能像五年前那样，用钱能挽救刘兴的生命。如今斯人已去，这钱无处退还。她找到大学同学何芳，倾诉内心的悲痛。何芳是她身边仅有的、知道她和刘兴这段故事的人。何芳感叹："你俩的确情深意长，有缘无分啊。"

吴晓玲找何芳还想商量一下，这么一大笔钱，她该如何跟丈夫周海解释。何芳说："周海本来就是个多疑的人，都跟我打听多少次你这段往事了！他要是知道了，还不得跟你闹翻天？而且男人都心高气傲，如果刘兴活着，周海肯定要你把钱退回去，断绝来往。可是刘兴死了，你拿着这钱，肯定永远怀念他对你的情意，周海永远不能和他分出个高低来，那他气不顺，你们这日子就过不安生了！"

何芳的话说到吴晓玲的心坎里了，这钱是烫手的山芋，留也不是，退也不行，那该怎么办呢？

何芳灵机一动，说："这样吧，我们银行正好在做理财，你来开个户，银行卡我替你保管，取款密码你别告诉我，尽量让它保值增值，将来作为你的小金库。"

何芳如此贴心的提议让吴晓玲充满感激。可她想不到正是这样的安排，引发了后面一连串麻烦。

半年之后，吴晓玲的父亲因病住院，需要不少医疗费。因为误会岳父岳母扣留了吴晓玲的彩礼钱，周海对他们心存芥蒂，所以吴晓玲不想动用小两口的存款，想用何芳代管的钱交父亲的医药费。可她又在外地出差，于是她给何芳打电话，把取款密码告诉她，让何芳取了2万元交到医院。半个月后，医院又催交费，吴晓玲这一次自己取款，却显示余额不足，这是怎么回事？

面对吴晓玲的询问，电话那头的何芳支支吾吾，吴晓玲更着急了，她立刻找到何芳当面问个究竟。面对好友的追问，何芳满脸愧色说，上次吴晓玲电话里让她帮取钱，她把密码记在了纸上，没想到她的男友宋军偷偷地把密码拍照留存了。宋军没有正经职业，平日就做做股票、期货，他从何芳那里偷拿了银行卡，挪用了这笔钱，等到何芳发现时，宋军说钱已经亏了。

吴晓玲一听就跳了起来："我早就说你这个男朋友整天吹牛、不务正业，这不就是偷吗？"看着何芳涨红的脸，吴晓玲把更难听的话憋了回去，她让宋军尽快还钱，还劝何芳尽早和他分手，何芳唯唯诺诺地点头。

可一周之后，宋军仍分文未还，吴晓玲气冲冲地直接去找他，结果被他气得不轻。

吴晓玲限宋军一个月必须把钱还上。宋军立刻露出一副赖皮的嘴脸说："这事儿得怨你，你的钱太不吉利。我本想借来赚一笔。没想到，连我的老本儿都赔进去了。哪儿有钱还啊？还是你会投资，拿老公的十万元换来十倍的回报，你家周海真得好好夸你。你和前男友这么情深义重，深情款款，周海怎么没让你多做几笔这么好的交易啊？"

被这无赖的宋军要挟，吴晓玲很生气，难道钱被他亏光了就这么算了吗？过了几天，何芳兴冲冲地来告诉她："钱还在！是被宋军挪用了！"这是怎么回事呢？

原来，替好友保管的钱被男友偷偷挪用还亏光了，何芳心里很过意不去，于是她不断催促宋军快还钱。宋军反而说她："你死心眼儿啊！吴晓玲的钱是她前男友给的。她怕老公知道，不敢声张，你着什么急啊？"

何芳干着急。这天，她一个人在家，想找找宋军还有没有其他存款。结果在抽屉里发现了一份购房合同，半个月前，宋军花100多万元买了一套房，买房的钱哪儿来的？等宋军回来，何芳严加拷问，宋军才说出来，这房就是用吴晓玲的钱买的。

宋军本来是想挪用那笔钱炒期货的。可是那两天期货价格波动异常剧烈，他那高倍杠杆的账户被要求不断追加保证金，所以他想方设法地筹钱，但黔驴技穷之后，他的账户被平仓归零了。幸好吴晓玲的钱到账时间晚，宋军没能追加成功，否则这些钱一样打水漂，宋军也是一身冷汗。正在他惊魂未定时，他挪用的事被吴晓玲和何芳发现了，穷途末路的他不甘心将这笔钱还回去。情急之下，他忽然一想，反正吴晓玲也不敢声张，索性一不做，二不休，就说亏光了，她能拿自己怎样？后来他拿这钱，去买了一套房子。今天购房合同被何芳发现了。

何芳说："原来你骗我们，是想黑人家的钱呀！你赶紧把房退了，把钱还给吴晓玲！"可宋军却哄她："这是给你买的婚房，退了咱们就结不了婚了。"

一说结婚，何芳就沉默了。她和宋军在一起五年了，周围人都不看好她和宋军，劝她早日了断，可她就是舍不得。每次催婚，宋军都是东拉西扯地回避，何芳恨嫁的心一天比一天重，这回宋军主动提出结婚，她能不心动吗？可吴晓玲是自己多年的好友啊，瞒着她，太辜负她对自己的信任了。正在她纠结的时候，她偶然发现宋军一直和别的女人说着暧昧情话。何芳彻底醒悟了，这个男人不值得她留恋，她不能愧对好友晓玲的托付，所以她决定帮助晓玲要回她的钱。她复印了宋军的购房合同和发票，去找吴晓玲，要帮她要回被宋军侵吞的100万元。

吴晓玲拿着合同与发票的复印件说："我告他去！"但何芳又拦住她，说："不行啊，你一打官司，你老公就知道这钱是你前男友刘兴给的，依他的脾气还不跟你急了，你还跟他过不过啊？"

这话让吴晓玲又泄了气。明明是自己的钱被别人侵占了，自己还不敢要，难道眼睁睁地看着这个无赖逍遥快活吗？这太窝火了。何芳想了想说："我最了解宋军，他是个见钱眼开又贪生怕死的人。你不如找个人吓唬吓唬他，逼他尽快还钱。"

找谁合适呢？吴晓玲想到了自己上体校的弟弟吴晓峰。

听姐姐把来龙去脉说完，吴晓峰立刻义愤填膺地去找宋军。

何芳带着吴晓峰姐弟俩到家里时，发现宋军已经带走了自己的衣物，不知去向了。三人面面相觑。这该怎么办？吴晓峰说："你们别管了，我想办法。"

吴晓峰想了什么办法呢？一晃半个月过去了，吴晓玲问了几次，晓峰都说："快了，快了。"这天，吴晓玲没等到弟弟带来的好消息，却接到公安局的通知，吴晓峰因涉嫌抢劫罪被刑事拘留。晓玲慌了，弟弟虽然淘气，但一向正派阳光，怎么会去抢劫？她赶到公安局后才得知，一切都是因为找宋军讨债引起的。警察还告诉她入室抢劫是要从重处罚的，法定刑是十年以上有期徒刑，最高可以判死刑。吴晓玲吓得腿都软了。

吴晓峰找宋军讨债，到底发生了什么？为什么会涉嫌抢劫呢？

原来，为了找宋军，吴晓峰找了两个要好的同学，经过一段时间的蹲守，终于找到了他的新住处。这天，等宋军回家之后，吴晓峰和那两个同学敲开了房门。看到三个膀大腰圆的人堵在门口，宋军一阵慌乱，慑于三人的气势，他接连后退几步，吴晓峰三人便进屋了。看着来者不善的三个人，宋军害怕得直哆嗦，问："你们要干什么？"

等他明白是吴晓玲的弟弟替她来讨要那100万元后，他还百般抵赖。三个血气方刚的小伙子原本只想吓唬他一下的，但他的恬不知耻把他们激怒了，三个小伙子说着："今天要给你些颜色看看！"便劈头盖脸地教训他一顿。宋军抱着头大叫救命！被打怕了的宋军求饶，承认自己挪用了那100万元，但他现在的确没钱，股票账户里还有十多万元，明天开市就取出来，剩下的要等他把房子退了再还给吴晓玲。口说无凭啊，吴晓峰找来纸笔让宋军写好欠条，还约定了还款期限。

吴晓峰收好欠条，三人正准备离开时，在楼道里与赶来的警察撞个正着。原来有邻居听见宋军的呼救声，报了警。警察拦住了吴晓峰等三人，进屋发现了鼻青脸肿的宋军，把他们都带到公安局。

在公安局，贪婪的宋军又想赖账，他一口咬定，吴晓峰三人强行进入他家，在暴力威胁之下，他才被迫写了欠条，他和吴晓玲之间根本不存在100万元的债务纠纷。这样，吴晓峰三人因涉嫌抢劫而被控制，警察随后通知了吴晓玲。

从公安局回来的吴晓玲彻底乱了方寸，她六神无主地回到家，面对丈夫周海关切的询问时，再也无法隐瞒，她把事情全部说了出来。吴晓玲低声为自己辩解："就是怕你多想，我也是没办法才这么做的！"

周海听完之后直跺脚，埋怨说："什么叫没办法？你知不知道有法律啊？每一步你都可以理直气壮地用法律来保护自己，你偏偏不用！你为什么一而再，再而三地做出糊涂事？就是对我极度不信任！因为不信任我，你瞒着我把彩礼钱借给刘兴救命，还骗我说给你父母了，害我和你父母心生芥蒂。因为不信任我，你明知道何芳做事不成熟，她男友不靠谱，你还让她替你管钱，惹上宋军这个见钱眼开的人。因为不信任我，你让你弟弟他们去讨债，结果现在讨出刑事责任来。你遇到问题，会找好朋友，找你弟，唯独对我这个做丈夫的只字不提，难道在你心里，我就这么不值得信任？连最基本的信任都没有，那我们的婚姻还有什么意义？"说完，周海气冲冲地出门了。

吴晓玲一个人在家后悔不迭！夜已经很深了，周海还没有回来，他真的会和自己离婚吗？这到底是怎么了？前男友留给自己巨额遗产，让她感觉很温暖；好友何芳帮忙保管，让她感受到友情；弟弟挺身而出帮自己去讨债，让她感受到亲情，可是现在钱没有了，好友难堪了，丈夫反目了，弟弟被抓了。这么多人都渴望财富，可她突然拥有了一笔巨款，但这笔巨款并没有带给她更多的幸福和快乐，反而让她生出一个又一个的烦恼。

第二天一早，周海回来了，吴晓玲忐忑地看向他，不知道该说什么。周海平和地说："过去的事再说也没意义了，现在最关键的是怎么帮助晓峰。"丈夫温和的声音让吴晓玲仿佛找到了主心骨，她就是不知道怎么帮弟弟呀！周海说："我们去提刑事自诉，去告宋军，然后替晓峰申请取保候审。"

这一晚周海去哪儿了？他为什么会给吴晓玲出这样的主意呢？他们要怎么告宋军呢？

原来，周海昨晚在气头上，他出门后，冷静下来想想，妻子这么做也情有可原，恋爱时自己也不够成熟，老是追问她的过去，表现得不够大度。所以吴晓玲不想将事情告诉自己，以免闹得不愉快。正是因为有了第一次的隐瞒，才引出后面一连串的隐瞒，才会被贪婪的宋军算计，导致麻烦不断升级。他总觉得整个事情中，最应该受到法律制裁的是宋军，可现在偏偏是晓峰面临刑事处罚。谁能为他指点迷津呢？他连夜去找他的律师同学，这位律师同学给了他专业的意见。

他先解释道，警察以抢劫罪拘留晓峰，关键是因为宋军否认他欠吴晓玲的钱。宋军被吴晓峰和他的同学打了，又否认自己与吴晓玲存在债务纠纷，那么晓峰他们要他写下的那张百万欠条，就涉嫌以暴力胁迫的手段的非法占有。所以，要帮晓峰洗清罪名，为晓玲讨回钱财，需要证明宋军确实侵占了吴晓玲的钱。只要能证明晓峰是替姐姐去讨债，虽然方式不可取，但没有侵占宋军钱财的意图，就不构成抢劫罪。而宋军企图占有吴晓玲的钱财，经吴晓玲多次催要，仍反复抵赖，拒不偿还，这已经不是普通的民事纠纷了，而构成侵占罪，应当追究刑事责任。

那么什么是侵占罪？侵占罪应当承担什么样的法律责任呢？

侵占罪，是指以非法占有为目的，将代为保管的他人财物、遗忘物或者埋藏物非法占为己有，数额较大，拒不交还的行为。

法条链接>>>

《中华人民共和国刑法》

第二百七十条　侵占罪

将代为保管的他人财物非法占为己有，数额较大，拒不退还的，处二年以下有期徒刑、拘役或者罚金；数额巨大或者有其他严重情节的，处二年以上五年以下有期徒刑，并处罚金。

将他人的遗忘物或者埋藏物非法占为己有，数额较大，拒不交出的，依照前款的规定处罚。

本条罪，告诉的才处理。

吴晓玲委托何芳代为保管这笔钱，宋军利用他是何芳男朋友的身份而取得银行卡与密码，擅自挪用。直到此时，尚不能断定宋军主观上具有非法占有的故意，但是被吴晓玲发现并多次催讨后，他拒不偿还，谎称钱全亏了，而事实上他用这笔钱去买了房，这就体现了他具有非法占有的故意，且涉及金额上百万元，数额特别巨大，应当构成侵占罪。

而且需要注意的是，侵占罪属于刑事自诉案件，刑事自诉案件不同于普通刑事案件，不经过公安或者检察机关，而是由被害人或者他的法定代理人直接到人民法院起诉。而且与公诉案件不同，在刑事自诉案件审理过程中，可以调解，原告可以与被告人进行和解，也可以撤回起诉。

听完周海同学的建议，吴晓玲向人民法院提起追究宋军侵占罪刑事责任的自诉案件，又向公安局递交了吴晓峰的取保候审申请书。公安机关很快为吴晓峰和他的同学们变更了强制措施，为他们办理了取保候审手续。

法院经过审理认为，被告人宋军的行为已构成侵占罪，且数额巨大，自诉人控诉的罪名成立。最终法院作出判决：被告人宋军犯侵占罪，判处有期徒刑4年，并处罚金5万元。被告人宋军于判决生效后60日内退赔自诉人吴晓玲100万元。

随后，公安机关认为吴晓峰和他的两名同学不构成抢劫，撤销刑事案件，而他们殴打宋军的行为未造成严重伤害，处以治安拘留 5 日。吴晓玲陪弟弟去公安局领取了撤案文书回家后，家里没人，这么重要的日子，周海去哪儿了？晓峰说："我姐夫会不会还在生你的气啊？"吴晓玲心里也没底。

这时，周海捧着一束花回来了，原来今天是他们的结婚纪念日，吴晓玲都忙忘了。周海提出一起出去吃顿大餐，为晓峰压惊，也庆祝他们结婚纪念日。接过鲜花，吴晓玲露出释然的笑容。

律师点评>>>

人人都渴望财富，因为生活的幸福感与财富密不可分。但财富不等于幸福，一笔突然获得的巨款，让吴晓玲先后遭受多重打击；宋军也因为垂涎巨款，产生邪念，最终自食恶果。这笔钱有着令人唏嘘的渊源，那是前男友临终前对吴晓玲的殷殷回报。但是为了避免丈夫猜忌而引起不必要的家庭矛盾，吴晓玲把钱藏起来，这笔钱成为她的私房钱。存私房钱的原因多半是夫妻双方在沟通与信任上存在问题。一旦失去信任，夫妻间彼此猜忌，相互戒备，这往往是矛盾、悲剧的导火索。正是因为私藏的这笔钱，导致吴晓玲的婚姻差点破裂，幸好夫妻俩都及时反省，坦诚沟通，最终化解矛盾，重拾温馨。

经历这些之后，吴晓玲感触最深的是，金钱是万恶之源，还是快乐的源泉，取决于人的内心。如果在阳光、坦诚、彼此信任的人际关系中，金钱会让人更加快乐；如果彼此间缺乏真诚与信任，金钱往往会滋生更多的争端与悲剧。

妻子私藏数百万

关键词 集资诈骗罪

正在上班路上，公司职员吴飞接到妻子宋妍的电话，她说她刚接到警察的传唤，让她去公安局配合调查，她茫然忐忑，让丈夫陪她去。吴飞也觉得奇怪，但他安慰妻子："别怕，我马上过来。咱们一向安分守己，警察需要了解什么，咱们配合就是了。"

到了公安局，警察说，最近接到很多人的举报，他们都参加了一家投资公司的高息理财项目，约定年利息30%。现在合同期限到了，却发现公司人去楼空，大家觉得被骗了，纷纷报案，而工商资料显示宋妍就是这个公司的控股股东。

不可能！吴飞斩钉截铁地说："开什么玩笑，我老婆是个大老板？！是同名同姓搞错了吧？"

警察没理睬他，对宋妍说："你核对一下，工商登记里你的身份证、签名，以及300万元的入资凭证是否都是真实的？"

"300万元！"吴飞一声惊呼，"我们家哪儿有那么多钱啊？"可是宋妍看过这些材料后，默默地点了点头。这下把吴飞弄糊涂了，自己老婆是个隐形大富豪？

警察示意吴飞在外面休息室等一会儿，好让调查工作顺利进行。宋妍跟警察说，这投资的300万元确实是她的，但她对公司的设立、经营毫不知情，都是一个叫赵吉勇的朋友办的。宋妍的话是真的吗？警察给她先做了笔录，说后续还会找她了解情况。

回家路上，吴飞憋不住了："你到底是不是我媳妇儿啊？你有多少事瞒着我啊？你能老实告诉我吗？回头我老婆上福布斯了，我都不知道呢。"这话其实还有一层言外之意：你背着我和别人合伙开公司，这赵吉勇究竟跟你是什么关系啊？

宋妍一脸尴尬，这不是三言两语能说明白的，只得叹口气说："回家再说吧。"

到家后，对于这300万元的来历，宋妍是这么跟丈夫解释的。五年前，她还是个售楼员，一天，接待了一个叫赵吉昊的客户。宋妍销售的商业地产地处核心位置，很紧俏。赵吉昊想买两套相邻的办公用房，作为自己公司的经营场所，但是当时已经很难挑到合意的房了。宋妍说服自己的另一个客户作了调换，让他们俩都买到了称心如意的房子。后来房价飞涨，赵吉昊的这处房产增值了，获利不菲。

赵吉昊心存感激，多次邀请宋妍来公司担任主管，宋妍婉言谢绝了。一来二去，两人成为朋友。不料，一年前，赵吉昊被查出身患重病，积极治疗也回天无力，临终前他给了宋妍300万元作为回报。

赵吉勇是赵吉昊的弟弟，他帮他哥向宋妍转交了这笔钱，后来赵吉勇主动提出帮她投资。她同意了，给他签署了一份全权委托书，后面的事她就不知道了。

吴飞一直低着头听，等宋妍说完，他抬起头问："按你说，你和赵吉昊仅仅是工作关系，但他临死前对你念念不忘，还出手这么大方，你觉得这合理吗？"

被丈夫这么一问，宋妍委屈地哭了："你爱信不信！现在警察说我欠人家几千万呢……我要是跟他有啥特殊关系，他弟弟能这样害我？"她一哭，吴飞就闭嘴了。虽然他觉得背后另有隐情，但是自己和宋妍从大学开始相恋，一起同甘共苦打拼过来，他知道宋妍确实不是贪慕虚荣的人。今天逼问下去也不太合适，于是他又关切地问："警察说你会有麻烦吗？"宋妍抹了把眼泪答道:"不知道,警察让我等通知。"说到这里,两人不免又担心起来,听说欠款总额快上亿元了,作为公司法人的宋妍要承担法律责任吗?

一周后,宋妍接到警察通知,那个投资公司涉嫌诈骗,公安机关已经对赵吉勇等人立案侦查。据调查,公司注册资本金中,只有宋妍那300万元是实缴的,其余都是认缴。目前未显示宋妍从中获利,且宋妍未参与实际经营,因此未对宋妍采取刑事措施,但作为公司的法人代表,宋妍仍有义务配合警方的侦查工作。宋妍和吴飞都稍稍松了一口气。

但是风波并未平息,不少情绪激动的投资者打着"还我血汗钱"的条幅出现在宋妍的办公室或家楼下,逼她还钱。大家认为,宋妍是公司的法人和股东,我们辛苦的血汗钱被你们骗得血本无归,你怎能堂而皇之地不还钱呢?现在,宋妍班儿没法儿上了,回家也得偷偷地,她不胜其烦。吴飞常去催促警察尽早把赵吉勇他们抓获归案,好还给他们平静的生活。

但宋妍的内心是非常矛盾的。为什么?赵吉勇挥霍了她的300万元,她不想要回来吗?她有什么难言之隐吗?

几个月后,赵吉勇归案了。警察通知宋妍再去接受讯问,宋妍无比紧张,她不希望丈夫同去,但吴飞出于关心已经主动和警官联系了。而这时,吴飞才得知妻子私藏巨款的真相,这背后隐藏着另一个巨大的秘密!根据赵吉勇的供述,宋妍的儿子是他哥哥赵吉昊的亲生骨肉!他交给宋妍的300万元,是哥哥临终前给孩子的抚养费。

据赵吉勇回忆,那天,当他把银行卡交给宋妍,说这是他哥给孩子的抚养费时,宋妍跳了起来,情绪激动地说:"你胡说什么!我孩子跟他没有任何关系!别想打孩子的任何主意!"赵吉勇连忙解释说这是他哥哥临终前的嘱托。宋妍愣住了,沉默良久后说,这钱她收下了,但是强调不要打扰她现在的生活,之后又询问赵吉勇可不可以代为打理这笔钱,给孩子做理财。赵吉勇说,当时他正筹备开这个投资公司,发愁启动资金。宋妍的提议正中下怀,他说自己作为孩子的叔叔责无旁贷。于是让宋妍签署了授权委托书,并索要了她的身份证件。

从赵吉勇的供述可知，宋妍的确没有实际参与公司的开业、经营，这为她洗脱了诈骗的嫌疑，但是暴露了她极力隐藏的另一个秘密，她的儿子竟然不是丈夫亲生的，这让她的家庭摇摇欲坠。

警察的讯问笔录还没做完，吴飞就愤然离去。宋妍匆忙签完字追了出来，早已不见他的踪影。

一路上宋妍心乱如麻："他能不能听我解释啊？可是我又要怎么解释呢？"她脑子乱极了。回到家，大门敞开，吴飞鞋都没脱坐在沙发上抽烟，房间里烟雾弥漫，烟灰缸里堆满了烟头。

宋妍喃喃地说："我对赵吉昊没有任何感情，我一直想花自己挣的钱，有自己的家，坦荡、安心……"吴飞轻蔑地冷笑道："给他生孩子，问他要抚养费，这样就坦荡、安心？"

宋妍忍住眼泪说："事情不是你想的那样。"之后，宋妍慢慢地说出她和赵吉昊之间的纠葛。

当初赵吉昊力邀宋妍加入自己的公司，不仅许以高薪，还用了很不光彩的伎俩。那天，公司顺利开业后，他请宋妍吃饭答谢。两人边吃边聊，气氛很愉快，宋妍也挺高兴，喝了不少酒，后来就不省人事了。醒来的时候，宋妍发现自己在一个陌生的房间，身边躺着赵吉昊。她惊慌失措，赵吉昊极力安抚她，说虽然他已婚，但他是真心爱慕她，希望宋妍能陪伴自己，除了婚姻，他什么都可以帮宋妍实现。

他还没说完，宋妍气愤地说："你以为有钱就有一切吗？你看错人了！我帮你，是尽力做好我的本职工作，挣我应得的那份钱。你怎能这样对我呢？"说完，宋妍哇哇大哭。

宋妍一哭，赵吉昊不知所措了，他不断地道歉说，商场磨砺这些年，看过多少人为金钱放弃底线。只怪自己糊涂，以为这样能留住宋妍，是他错了。看着不断认错的赵吉昊，宋妍稍稍平静后说："我们三观差异太大，连朋友都没得做了！这事谁也不要再提了。"

后来，两人真的没有联系了。宋妍想要的幸福，就是和丈夫一起打拼挣来的平静生活，虽然有些辛苦，但充满希望。很快她怀孕生子，一家人其乐融融。那段往事似乎从未发生过。

可是两年之后，突然有一天，宋妍又去找赵吉昊了，宋妍拿出一张孩子的照片，要求他配合做个亲子鉴定。照片上孩子的模样让赵吉昊无法拒绝，等待结果时，两人都惴惴不安。拿到鉴定报告后，赵吉昊和宋妍的脸色都十分难看，这孩子真的是赵吉昊的。还没等赵吉昊说话，宋妍迅速逃走了。

接下来几天，赵吉昊左等右等都没接到宋妍的消息。实在憋不住，他主动联系了她。见面后，宋妍先开口了，她说："我不是要讹你！"赵吉昊连连点头说："我会负责的！"可是出人意料的是，宋妍说："我不要你负责！我就是想探个究竟，免得自己胡乱猜想。这几天我想了很多，我们全家对孩子都疼爱有加，血缘关系不是最重要的。我想明白了，这孩子就一直是我们家的心肝宝贝，和你半点关系没有。"说完宋妍干脆利索地走了，留下赵吉昊一个人在那里发愣。那以后，宋妍甚至换了工作，远离之前的交际圈。

直到一年前，有一天宋妍接到一个陌生男人的电话，约她到办公室楼下的咖啡馆见面。这人就是赵吉勇。赵吉勇拿出一张银行卡，说里面有 300 万元，是他哥赵吉昊给孩子的抚养费。

赵吉昊给自己造成那么多困扰与伤害，宋妍怨过他，但得知他去世的消息，宋妍震惊之余，不免也为他的早逝而唏嘘。如今又得知他的临终嘱托，可见他对孩子的心意是真诚的，这化解了宋妍对他的怨恨。可这么一笔巨款，怎么收啊？怎么跟丈夫解释啊？他如果追问这钱的来历，孩子的身世就会被怀疑，自己那段难以启齿的经历就会暴露，这个家将会面临破碎的危险。

突然宋妍想到，赵家本身就是家族企业，可以把这钱以自己的名义投入到赵家的生意上，将来等孩子长大了再交给他。宋妍的提议，赵吉勇欣然同意。

就是这个看似完美的安排，后来给她带来无穷的麻烦。

她哪里知道，赵吉勇与赵吉昊根本不是亲兄弟。赵吉勇的母亲是赵吉昊的继母，赵吉勇是继母与前夫的孩子。继母嫁给赵吉昊的父亲后，为了让一家人更融洽，给孩子连名带姓都改了。但赵吉勇从小顽劣，他觉得母亲改嫁后，不再是他一个人的妈妈，而且母亲老讨好那个所谓的哥哥赵吉昊。继父更是偏心，眼里只有他的亲生儿子。而母亲却说他身在福中不知福。总之，赵吉勇觉得他被赵家排斥在外，对他们充满了怨气。

　　赵吉昊的突然去世，他以为自己的机会来了，可是没想到赵家人请了职业经理人也不让他染指家族企业。哥哥临终让他去找宋妍，他才知道哥哥还有一个私生子，这让他更有危机感。

　　赵吉勇很苦恼，他急于做出成绩展示自己的能力。正好有人向他介绍了一些投资高手，据说他们有绝妙的创业构想，特别愿意和赵公子赵吉勇合作。赵吉勇很动心，但是他没有启动资金怎么办？于是，他早打起了宋妍这300万元的主意。他正琢磨着怎么让宋妍把这钱交给他时，没想到宋妍主动提出让他来管理，真是正中下怀。

　　事情这么顺利，赵吉勇觉得自己时来运转了。投资公司很快就成立了，瞬间就吸引了众多投资，这都超出赵吉勇的预想。公司花钱如流水一般，而宣传的投资项目他一个也没见过。他隐约有些担心，公司许诺的利息那么高，只能拿着新加入的投资人的钱支付老投资人的利息，如此循环，这不是典型的庞氏骗局吗？一旦没有新人加入，老的投资人又要求提取本金，公司拿什么付给人家？

　　可是赵吉勇的合作伙伴们并不着急，他们说："这么诱人的利息，一定能吸引人源源不断地加入，而老投资人也不会轻易舍得把钱拿回去。就算有人想撤回资金，我们也一定会想方设法地留住他。放心吧，将来还有人求着咱们收下他们的钱呢。"

　　果不其然，后来真有人托关系找赵吉勇，要求参加投资，求他带自己一起发财。

　　赵吉勇对他的合作伙伴真是佩服得五体投地了。他们挥金如土地把自己和公司都包装得更加奢华，一身名牌的赵吉勇觉得自己真是功成名就了。

可是好景不长，类似的金融乱象引起了监管部门的重视，随着宣传和监管力度的加强，新的投资人渐渐少了，老投资人的赎回申请越来越多了。赵吉勇他们开始着急了，钱都让他们挥霍了，哪有钱还给大家啊？不能按照合同约定要到钱的消息传开，要求兑现合同的人挤爆了公司。赵吉勇他们跑路了。

投资人赶紧报警了。警察通过公司的工商登记信息找到的大股东宋妍和他们一样是受害者，大家都盼着早日抓获赵吉勇他们。

如今赵吉勇归案了，钱还没追回来，宋妍的家庭先被推到破碎的边缘。

从公安局回来，吴飞已经抽完整整两盒烟。天已经黑了，但两人谁也没有开灯，宋妍讲完了事件的全部原委。在黑暗里，只有吴飞的烟头闪烁着。

宋妍长叹一声，那次被赵吉昊侵犯之后，她就是怕麻烦、怕舆论压力，怕对家庭有影响，才息事宁人。后来看着宝宝的模样，隐隐担心，寝食难安，去做亲子鉴定，就是要探个究竟。她说："你知道拿到这个结果我有多崩溃吗？我不贪他的钱，吃亏我认了，我躲着他还不行吗？可是老天为什么要跟我开这样的玩笑，我唯一的孩子不是我丈夫的，我该怎么办？"

宋妍又说："后来我想了很多，要不要对你说？我知道我们一家有多么爱宝宝。我就希望他健康快乐地成长，这和钱多钱少没啥关系。我认为血缘关系不能决定一切，我也没有勇气说出孩子身世的秘密。我决定永远隐瞒，告诫赵吉昊不要再出现。他倒真的做到了。可是没想到他会这么早去世，又给孩子留下这一大笔钱，引起这么大的麻烦，真是造化弄人。你要离婚的话，我不怨你，只怪自己运气太差。明天我们就去民政局吧。"

说完，宋妍跑进卧室，蒙着被子放声大哭，哭着哭着，渐渐沉沉睡去。

当时正值幼儿园放暑假，孩子被爷爷奶奶带回老家去了，家里就只有他们小两口。第二天一整天，吴飞不知去向。天都黑了，他会去哪儿呢？电话打不通，给他发微信，宋妍才发现自己被他拉黑了，她不禁更伤心，是啊，一个男人怎会接受孩子不是自己的呢？

一连好几天，吴飞都没有音信，宋妍不免担心，他不会出什么意外了吧？正在她不知所措的时候，楼道里传来儿子稚嫩的声音。她打开门，是爷爷奶奶带着孩子回来了，孩子正牵着吴飞，说："爸爸刚才你答应我了，今天要讲两个故事。"说笑间，老少三代到门口了，看见妈妈，儿子扑过来要她抱。宋妍觉得这是梦境。她看向吴飞，吴飞却不愿和她对视。他到底是怎么想的？这几天他去哪儿了？

晚上，一家人都睡了，吴飞才告诉宋妍，得知儿子不是亲生的后，他一时难以接受，又不知所措。那天他在外面漫无目的地溜达了一整天，又买了张火车票回老家了。在飞驰的火车上，他思绪万千，他和宋妍从相识、相恋到结婚，经历了风风雨雨，北漂多年，他们相知相伴，他相信宋妍说的，在感情上她从未背叛自己，他也能理解宋妍在受到赵吉昊侵犯后出于各种顾虑而选择隐瞒，这些他都能体谅宋妍。可是造化弄人，偏偏孩子是赵吉昊的。宋妍知道真相之后仍继续隐瞒，如果不是被赵吉勇抖出真相，难道自己要被永远蒙骗吗？他该怨谁呢？再见到孩子，他会是怎样一种感受呢？他也不知道。

他到家的时候，祖孙俩正在楼下花园里玩。爷爷坐下来休息时，宝宝贴心地给他捶背。在夕阳的余晖下，祖孙俩开心的模样是无比温馨动人的画面。那一瞬间，他理解了宋妍的想法，是的，血缘关系并不决定一切，真情更为可贵。那一刻他明白了自己的选择，孩子和自己就是注定的父子缘分，他要保护孩子，绝不让孩子承受私生子的压力。于是他跟父母说自己出差路过，正好回家一趟，眼看宝宝就要开学了，索性一起回北京吧。

吴飞对宋妍说："宝宝的身世没有秘密，他就是我们的心肝宝贝。"此时的宋妍早已热泪盈眶。

得到了丈夫吴飞的谅解和宽容，家庭危机已经被化解了。但是那投资公司涉嫌集资诈骗的案件还没有结束，众多投资人的损失该怎么办？宋妍作为公司的法人代表和股东，她要承担什么法律责任呢？两个月后，赵吉勇等人涉嫌集资诈骗罪一案开庭审理。

审理当天，旁听席上坐满了受害的投资人，大家控诉赵吉勇他们的犯罪行为，想要追回自己的血汗钱。

法条链接>>>

《中华人民共和国刑法》

第一百九十二条 集资诈骗罪

以非法占有为目的，使用诈骗方法非法集资，数额较大的，处五年以下有期徒刑或者拘役，并处二万元以上二十万元以下罚金；数额巨大或者有其他严重情节的，处五年以上十年以下有期徒刑，并处五万元以上五十万元以下罚金；数额特别巨大或者有其他特别严重情节的，处十年以上有期徒刑或者无期徒刑，并处五万元以上五十万元以下罚金或者没收财产。

《最高人民法院关于审理非法集资刑事案件具体应用法律若干问题的解释》（法释〔2010〕18号）

第四条 以非法占有为目的，使用诈骗方法实施本解释第二条规定所列行为的，应当依照刑法第一百九十二条的规定，以集资诈骗罪定罪处罚。

使用诈骗方法非法集资，具有下列情形之一的，可以认定为"以非法占有为目的"：

（一）集资后不用于生产经营活动或者用于生产经营活动与筹集资金规模明显不成比例，致使集资款不能返还的；

（二）肆意挥霍集资款，致使集资款不能返还的；

（三）携带集资款逃匿的；

（四）将集资款用于违法犯罪活动的；

（五）抽逃、转移资金、隐匿财产，逃避返还资金的；

（六）隐匿、销毁账目，或者搞假破产、假倒闭，逃避返还资金的；

（七）拒不交代资金去向，逃避返还资金的；

（八）其他可以认定非法占有目的的情形。

集资诈骗罪中的非法占有目的，应当区分情形进行具体认定。行为人部分非法集资行为具有非法占有目的的，对该部分非法集资行为所涉集资款以集资诈骗罪定罪处罚；非法集资共同犯罪中部分行为人具有非法占有目的，其他行为人没有非法占有集资款的共同故意和行为的，对具有非法占有目的的行为人以集资诈骗罪定罪处罚。

赵吉勇等人，集资后不用于生产经营活动，肆意挥霍后，致使集资款不能返还，面临巨大还款压力时，他们携带剩余款逃匿，他们犯了集资诈骗罪。

宋妍虽然是公司的股东及法定代表人，但她完成了注册资本金的实缴义务，且未参与公司经营活动，未获取任何收益，可以认定她没有非法占有集资款项的共同故意和行为，不构成共同犯罪。既不追究刑事责任，也不用承担民事赔偿责任。

经过审理，赵吉勇等人因集资诈骗，分别被判处有期徒刑十到十二年，并处罚金。但是他们诈骗所得钱财大部分已被挥霍，所剩无几，所有投资人的损失都很严重，而宋妍那300万元，作为公司的经营亏损早已消耗殆尽。

律师点评>>>

如此一笔巨款，曾一度属于宋妍，但这笔财富并没有带给她丝毫快乐，反而差点破坏她原有的幸福生活。幸亏她一向正直、阳光、善良，在面临命运的考验时，最终获得丈夫的谅解，重拾幸福美满的家庭生活。

而那些狂热的投资人就没有这么幸运了。赵吉勇他们虽然被判了刑，但投资人的钱已经追不回来了，有人痛哭自己的养老钱、治病钱被骗光了。可是面对诱人的利息时，很多人不能进行理智的判断。你贪图的是高额利息，骗子看中的是你的本金。

古今中外，金融诈骗一直存在。20世纪初，意大利出生的庞兹在美国精心策划了一个骗局，在短时间内就吸引了数万人为之疯狂，"庞氏骗局"后来成为金融领域投资诈骗的代称。之后，这种骗术被不同国家、地区的人在不同时期，包装成各种形式。在中国，"庞氏骗局"又称"拆东墙补西墙""空手套白狼"。

随着时代发展，这种古老的骗术被注入更多时髦的元素，手段更加狡猾，欺骗性更强，但万变不离其宗，一定有以下核心要素：（1）骗子没有任何经营实体，他们描述的投资项目都是虚构的；（2）骗子都会给投资人许以诱人的高额回报；（3）骗子利用新投资人的钱来向老投资者支付利息和短期回报，以制造赚钱的假象进而骗取更多的投资。所以请大家谨记：高收益永远伴随着高风险，看不懂的投资不要做。

抢来的男友蒙骗我

关键词　被害人过错对量刑的影响

这天傍晚，家庭主妇孟洁看到工作繁忙向来晚归的丈夫吴宸在晚饭前就回家了，她高兴地迎上去。可是吴宸一言不发，脸色阴沉，扔给她一沓纸。孟洁接过一看，大惊失色，语无伦次地说："吴宸，你误会了，不是你想的那样。我现在给赵小娟打电话，让她跟你解释，她知道真相……"

这沓纸是什么呢？这最上面是一张离婚协议，下面是孟洁和别的男人肉麻的微信聊天记录，还有酒店机票的订单信息。显然这是孟洁背叛婚姻的证据，那为什么孟洁还说这是误会呢？赵小娟又是谁呢？她能帮孟洁澄清事实吗？要弄清事情的来龙去脉，必须先说说这三人的关系。

孟洁和赵小娟是服装学院的同学，毕业后合开了一家婚纱设计店。孟洁和她的高富帅老公吴宸就是在婚纱店认识的。

两年前，吴宸是孟洁和赵小娟她们婚纱店的顾客，为他当时的未婚妻来定制婚纱。但在约好试婚纱的日子，只有吴宸一个人憔悴地出现，吴宸告诉她们，准新娘在上个月突遭车祸去世了。当时正兴奋地捧出婚纱的孟洁听到这么悲伤的事，也落下了同情的眼泪。她望着手里精美的婚纱，刚刚还在想象准新娘穿上它该多么美丽动人，却没想到它没有机会被穿上了。孟洁不顾赵小娟的反对，提出这件定制婚纱不收钱了，留在店里作陈设吧。但是吴宸执意支付了全部的尾款之后，又把婚纱留下给她们作陈设。吴宸走后，赵小娟一脸痴迷地对孟洁说："这不就是我梦寐以求的白马王子吗？那么深情温柔、豪气宽厚，简直太完美了！"性格温和的孟洁劝赵小娟别做白日梦。

没过多久，孟洁告诉赵小娟，自己报名参加一个香港服装设计培训班，眼看要开课了，偏偏这时她妈妈要住院调养，只好让赵小娟去上课。这培训班的学费可不菲啊，孟洁叮嘱她好好学了回来教自己。赵小娟觉得自己捡了大便宜，高兴地去了香港。

两个月后，赵小娟结业回来却发现，孟洁和吴宸竟然要结婚了！自己还被邀请做婚礼的伴娘。赵小娟惊讶地说："这不是开玩笑吧，你们也太神速了！"孟洁甜蜜地说："我也难以相信闪婚这样的事能发生在自己身上。"

孟洁说，吴宸老上店里来看着那件婚纱，露出一往情深、恋恋不舍的样子。我就时常安慰他，渐渐就熟了。有天他央求我穿上那件婚纱给他看，那婚纱太美了，突然他就跪地向我求婚了，我被感动得不行了，就答应了。后来才得知，吴宸家是当地有名的家族企业，他是被重点培养的接班人。

听了这段故事，还是单身的赵小娟心里说不出啥滋味，孟洁的婚姻让她羡慕。她开玩笑说，要是孟洁去参加培训，也许现在吴宸的新娘就是她。婚后没多久孟洁就怀孕了，公婆希望她安心在家养胎，孟洁就退出了已经大有起色的婚纱店，全都交由赵小娟管理。

后来，孟洁生下儿子，公婆对她更是疼爱有加。但这样美满的婚姻，孟洁却越来越觉得烦闷。也许婚结得太仓促了，两人的性格和爱好差异太大，闲暇时吴宸沉迷电游，孟洁喜欢文艺，时间长了，两人几乎没交流。孟洁说："吴宸在家就像空气，我像是一个人过日子。"赵小娟就为她分析："你们恋爱时间的确太短，你这是恋爱缺乏症。"

赵小娟不但给孟洁"把脉"，还给"开药方"。她说，你应该自己安排生活，你的文学、艺术可以找网友聊啊，隔着网络又不影响平常生活。她还积极地替孟洁注册了账号，教她怎么用。本来很抵触网聊的孟洁在她的安排下居然遇到一位远在北京的画家，他学识丰富，谈吐不俗，大大改变了她对网友的看法。可是没两天这个画家就跟她表白了，他的言语热烈，让她不知如何回应，不仅如此，他还约孟洁周末去北京，要带她参加一个高端艺术论坛。孟洁不知所措，就来找赵小娟。

这个论坛对孟洁挺有诱惑力的，可是去见网友的确不太好吧。可赵小娟却说："你都说了这位画家跟一般网友不一样，你就见见人家、参加个论坛又怎么了？见完你再跟人家说明白，你们是普通朋友不就完了嘛。"说完还帮着孟洁订好了机票酒店，让她把信息发给画家。

　　可是这一趟下来，孟洁觉得特别莫名其妙。她忐忑地赶到了约定的酒店等画家来接她去参加论坛，可等了一天都没见到画家的身影，电话也联系不上画家，她只好又坐飞机回来了。更奇怪的是，她回来之后这画家微信里说的话越来越离谱了，说什么两日小聚，形影不离，照亮一生……这可把孟洁吓坏了，她跟赵小娟说："网络果然不靠谱，那是个妄想症患者吧？还好没见着面，冷不丁他要犯病，我不被吓死啊。你瞧他痴言妄语的，要让别人看到的话，我真是百口莫辩的。我也是可笑，怎么会干出网聊这么匪夷所思的事。"说完，她删除了和网友的全部聊天信息，并把他拉黑。她希望这段非正常的经历从此了无痕迹。

　　不知为何，这聊天信息竟全部落到丈夫吴宸的手里，吴宸还要因此跟她离婚。孟洁知道自己无法解释清楚，所以连忙给赵小娟打电话，希望她帮自己澄清事实。

　　赵小娟赶到后，孟洁红着眼睛递给她这沓纸。她接过翻看后，对孟洁说："我劝过你多少次，别相信网上那虚无的爱情，没想到你居然还去和他共度春宵。不过吴宸，你就宽宏大量，再给孟洁一次机会吧，我相信她一定会痛改前非的。"

　　没等她说完，孟洁大叫："赵小娟，你说什么？！你明明知道这是个误会！"

　　吴宸不想再听她们的争辩了，说："你还是把离婚协议签了，咱俩好聚好散！不然闹上法庭，我们吴家也跟着你丢脸。"说完摔门走了。

　　吴宸走后，屋里只剩她俩，孟洁气愤地质问赵小娟说："你刚才为什么那么说？你让我跳进黄河也洗不清了！"孟洁转念一想，明白过来，说："你是故意的！这是圈套！为什么要害我离婚？难道……"

　　在孟洁注视下，赵小娟一咬牙说："吴宸喜欢的人是我，现在我不过是把原本属于我的东西抢回来！"孟洁难以置信，这两个人，一个是自己最好的朋友，一个是自己的丈夫，他们居然一起背叛自己，到底发生了什么？

赵小娟辩解，因为孟洁常向她抱怨婚姻的苦闷，她想约吴宸出来谈一谈，希望能解开他们婚姻的症结。没想到在那次谈话中，吴宸感叹他和孟洁的差异难以调整。当初自己无法接受未婚妻突然车祸身亡的事实，希望婚礼还能如期举行，孟洁的温柔让他感动，所以才会冲动地向她求婚。说到这儿，他又吐露其实当初他对赵小娟的印象更为深刻，只是后来再没见到她了。

吴宸的话让赵小娟的心彻底乱了，她是多么羡慕孟洁啊，嫁给吴宸这样的高富帅是她最大的愿望。没想到阴差阳错，孟洁的婚姻原本就是她的姻缘。

那以后吴宸经常去找她，起初让她帮着劝导孟洁，后来吴宸频繁地控诉孟洁的冷淡，最后吴宸向赵小娟表白，两个人背着孟洁开始了婚外情。时间长了，赵小娟当然会思考今后该怎么办。她想找孟洁摊牌，劝她放手，成全他俩。但是吴宸为难地摇摇头说："我不能轻易离婚。"

为什么呢？因为吴家是家族企业，公司控制人是吴宸的爷爷，他性格耿直。吴宸有个堂哥因为婚外情闹离婚，彻底失去了爷爷的信任。而婚后的孟洁相夫教子，待人接物妥妥帖帖，深得各位长辈的喜爱。爷爷不止一次夸赞，孙辈里孟洁最贴心了。这两年，爷爷明显更悉心地栽培吴宸，吴宸大有接班的希望。有了堂哥的前车之鉴，吴宸当然不希望丧失这来之不易的家族地位。

可是总不能一直这样偷偷摸摸啊，赵小娟有些绝望了。吴宸感叹："如果爷爷不喜欢孟洁就好了。"这句话提醒了赵小娟，她说："如果有婚外情的是孟洁，那爷爷还会反对你离婚吗？说不定他还要逼迫孟洁放弃分割财产呢。"

至此，谜团揭晓。当初就是赵小娟怂恿孟洁去结交网友，那个网友画家，其实是赵小娟用另一个手机号假扮的。作为多年的好友，赵小娟化身的画家顺利地让孟洁有高山流水遇知音的感觉。可是吴宸说："光是网聊，这问题不够严重啊。"于是赵小娟又策划了孟洁和"画家"异地相会，当然"画家"没法现身。但是这并不妨碍赵小娟继续在微信里编造出他们暧昧的对话，孟洁觉得莫名其妙，赶紧把"画家"拉黑了。但是这些记录已经足够，足以编造出完整的孟洁出轨假象。吴宸把这些聊天记录和机票酒店订单都打印出来，以此逼迫孟洁协议离婚。

面对丈夫和好友联合设下的圈套，孟洁无意辩解，他们居然用这么卑劣的手段对付自己，她已失望至极，对这样的婚姻毫不留恋。孟洁冷笑着对赵小娟说："你以为这样抢来的爱情会让你幸福吗？你以为吴宸是真的爱你吗？爱情是他的一个工具，看你有多少利用价值罢了。"

孟洁为什么会这么说呢？因为有件事她从未跟别人提起。她婚后不久，吴宸的婶婶意味深长地说："孟洁啊，你可是帮了吴宸大忙了。"原来之前吴宸堂哥的婚外情，让爷爷很不高兴，白手起家的老人家最痛恨不务正业的纨绔子弟，他告诫孙辈，贤内助能成为事业助力，希望孩子们早日成家、安心立业。言下之意，这会是挑选接班人的一项重要因素。所以吴宸的爸妈开始积极张罗吴宸的婚事，婚礼的日期都挑好了，没想到准新娘突遭不测身亡。眼看这婚礼要泡汤，吴宸却胸有成竹地对父母说："我能搞定。"果然两个月后婚礼照常举行，新娘就是孟洁。孟洁深得爷爷喜爱，婚礼当场就宣布吴宸正式成为家族企业股东，并且进入董事会，参与公司管理。按这位婶婶的话，孟洁就是吴宸的工具，和她闪婚，帮助吴宸获得了地位与财富。

这些孟洁之前只字未提，如今被逼离婚的她，开出两个条件：一是离婚协议里应写明她儿子是吴宸股权的继承人，二是赵小娟把婚纱店还给她。吴宸和赵小娟当然都满口答应。

他们离婚后，三人的生活大为改变。孟洁沉浸在服装设计事业中，赵小娟则盼望着早日嫁给吴宸。没有不透风的墙，赵小娟的插足导致孟洁婚变的事在同学圈里迅速传开，很快赵小娟被所有的同学孤立了。此时的赵小娟坚信真爱无罪，只要能和吴宸结婚，她付出的代价都是值得的。

赵小娟急切地想见吴宸的家长，确立恋爱关系，但吴宸说为了不让长辈们疑心，不要操之过急。他还嘱咐赵小娟少和他联系，他得空会来和她相聚的。所有一切赵小娟都只能默默接受。

接下来吴宸似乎更忙了，好长时间赵小娟都见不着他，赵小娟时不时想起之前孟洁找她倾诉苦闷的情形，难道这就是爱情的宿命？她开始惴惴不安。偏偏这时，吴宸说，公司在美国的一个项目进入攻坚阶段，他得去把关。为了保密，他们暂时不能联系，他叮嘱赵小娟乖乖地等他回国。

这一个月没有吴宸的任何音信，赵小娟终日茶饭不思，精神萎靡，有天竟然晕倒了。清醒后她到医院检查，原来她怀孕了，赵小娟多么兴奋，想尽快告诉吴宸这个好消息，可是电话不通，怎样才能尽快联系他呢？

她灵机一动，这么重要的项目，吴宸不可能不跟公司联系，他的秘书肯定能找到他。为了掩饰身份，她抱着一摞设计图纸，跑到公司对吴宸的秘书说："我是服装设计师，来给吴总送设计初稿。"秘书茫然地看着她说："吴总是在您家定的结婚礼服吗？是不是搞错了？他已经去巴厘岛举行婚礼了。""婚礼！不可能！"赵小娟脱口而出。秘书为了证明自己没说错，拿起桌上的喜糖说："公司还给我们发了喜糖和红包呢！"这位秘书还挺爱聊天的，她告诉赵小娟："我们吴总现在的新娘是他留学时的女友，去年她回国时可惜吴总已经结婚了。没想到吴总的前妻竟然不知道珍惜，背叛吴总，最后离婚了。这么一来，吴总和前女友就复合了，听说这姑娘的爸爸可不一般，有这样的岳父支持，吴总肯定是我们集团新一代接班人。"

赵小娟不记得自己是怎么走出办公室的，吴宸和别人去国外结婚了！回想起吴宸对自己的各种说辞，再加上秘书的话，赵小娟拼凑出全部的真相。她耳边回响起孟洁的忠告："他今天这么卑劣地对付我，难保以后不会这样对待你。"那时的赵小娟认为这是孟洁对她的诅咒。但孟洁说的才是真相，为了达到目的，吴宸先后编造了不同谎言和圈套，而自己从头到尾就是他利用的一个工具。

为了赢得爷爷的信任，吴宸急于结婚，不料准新娘意外离世。眼看婚礼要泡汤，他又甜言蜜语地哄得孟洁和他闪婚。和孟洁结婚生子，奠定了他作为企业接班人的基础。后来为了攀上更有实力的前女友，他想甩掉孟洁，又害怕丧失爷爷的信任，更不想自己的财产因为离婚而被分割。于是他利用赵小娟对他的仰慕，指使赵小娟捏造证据，栽赃孟洁出轨，逼她协议离婚，把自己扮成受害者，博取大家的同情。离婚目的达成后，吴宸先极力稳住赵小娟，寻找甩掉她的时机和借口，同时又急不可待地迎娶新人。

看透这一切的赵小娟无比痛苦，她该怎么办？自己背叛好友抢来的爱情，竟然是个骗局，她被利用完之后就被抛弃，同学们知道后该如何嘲笑她，今后自己哪还有脸见人？如今还有了吴宸的孩子，想到孩子，赵小娟又生出一线希望，吴宸即使不爱自己，他不会不爱他的孩子吧。看在孩子的分上，他是否会给自己一个交代呢？

半个月后，吴宸回国了。几番催促后，他终于来到赵小娟家。赵小娟装作若无其事，兴奋地告诉吴宸她怀孕了，还说："我们尽快结婚吧！"只见吴宸脸上闪过一丝慌乱，很快他又挤出笑容，转瞬又眉头紧锁，他为难地说："不行啊，你知道吗？这段时间为了你的事，我差点和家里闹翻了。孟洁跑来说是你破坏她的婚姻，现在我爸妈坚决反对我们交往。我也不知该如何是好。你知道我的一切都是家里给的，如果被长辈们嫌弃，我会很惨的……"在赵小娟直勾勾地眼神下，吴宸越说越没有底气，额头冒汗，开始结结巴巴。赵小娟顺着他说："没想到孟洁这么坏。难道为了孩子，他们也不会同意吗？"

吴宸不敢直视赵小娟，他背过身，摇摇头说："这个孩子来得太不是时候了……没办法，只能打掉他，等将来……唉，你不知道我父母有多固执，我怕耽误你宝贵的青春，要不我们还是分手吧，我给你一笔钱作为补偿。"

听着吴宸滴水不漏的谎言，赵小娟想到被骗的自己和肚子里可怜的孩子，这些在他眼里都是一文不值的，自己没有利用价值了就被毫不留情地抛弃，赵小娟的怒火燃烧到极致。在吴宸转身的一刹那，她抓起茶几上的水果刀向吴宸刺了过去。顿时血如泉涌，吴宸倒在地上。赵小娟望着自己满手的鲜血，晕倒在旁边。不知过了多久，赵小娟醒来，看到身旁血泊中的吴宸，自己也浑身是血，腹中绞痛，她慌忙拨打120。医生及时赶来，但吴宸因失血过多，抢救无效死亡。赵小娟在摔倒时磕在茶几上，已经流产。

赵小娟的病床前来了两名警察，显然她将面临刑事制裁。出院后的赵小娟被羁押在看守所。她那一刀要了吴宸的命,听说吴家已经表态,拒绝民事赔偿,只求严惩凶手。想到这里,她惶恐不安。这时警察说律师来会见她。见到律师之后,赵小娟这才知道,孟洁在为她奔走,花钱为她聘请了律师,照顾她从老家赶来的父母。她忍不住大哭起来,让律师转达她对孟洁的歉意与忏悔,她后悔没听从孟洁的忠告。

这个案件事实很清楚,但是律师仍极力为赵小娟辩护,提出从案件的起因上看,被害人吴宸存在过错,应当对赵小娟从轻处罚。

律师说法>>>

实践中,不少犯罪的发生往往是犯罪人与被害人相互作用的结果。有些故意伤害案件是由于被害人的过错引起的,其中有的被害人具有明显过错或者对于激化矛盾负有直接的责任。此类案件若仅从犯罪人的角度研究犯罪情形并进行处罚,而忽略了整个过程里被害人的行为对犯罪发生所具有的影响力,显然违背了公平、公正的刑法原则。

法条链接>>>

《最高人民法院印发〈最高人民法院关于为构建社会主义和谐社会提供司法保障的若干意见〉的通知》(法发〔2007〕2号)

18.当宽则宽,最大限度地减少社会对立面。重视依法适用非监禁刑罚,对轻微犯罪等,主观恶性、人身危险性不大,有悔改表现,被告人认罪悔罪取得被害人谅解的,尽可能地给他们改过自新的机会,依法从轻、减轻处罚,对具备条件的依法适用缓刑、管制、单处罚金等非监禁刑罚,并配合做好社区矫正工作;重视运用非刑罚处罚方式,对于犯罪情节轻微,不需要判处刑罚的,予以训诫或者具结悔过、赔礼道歉、赔偿损失,或者建议由主管部门予以行政处罚或行政处分。严格执行"保留死刑、严格控制死刑"的政策,对于具有法定从轻、减轻情节的,依法从轻或者减轻处罚,一般不判处死刑立即执行;对于因婚姻家庭、邻里纠纷等民间矛盾激化引发的案件,因被害方的过错行为引发的案件,案发后真诚悔罪并积极赔偿被害人损失的案件，应慎用死刑立即执行。

《关于贯彻宽严相济刑事政策的若干意见》（法发〔2010〕9号）

22. 对于因恋爱、婚姻、家庭、邻里纠纷等民间矛盾激化引发的犯罪，因劳动纠纷、管理失当等原因引发、犯罪动机不属恶劣的犯罪，因被害方过错或者基于义愤引发的或者具有防卫因素的突发性犯罪，应酌情从宽处罚。

为指导审判，最高人民法院先后在《最高人民法院印发〈关于为构建社会主义和谐社会提供司法保障的若干意见〉的通知》（法发〔2007〕2号）、《关于贯彻宽严相济刑事政策的若干意见》（法发〔2010〕9号）等审判指导性文件中强调，因被害方过错行为引发的案件应慎用死刑立即执行；对于因恋爱、婚姻、家庭、邻里纠纷等民间矛盾激化引发的犯罪，因被害方过错或者基于义愤引发的或者具有防卫因素的突发性犯罪，应酌情从宽处罚。

本案是典型的因婚恋矛盾激化引发的犯罪，被害人吴宸的隐瞒欺骗行为是激发被告人赵小娟犯罪的重要因素，因此律师建议法庭应当对赵小娟酌情从轻处罚。

最终法院判决，赵小娟故意伤害致人死亡，但具有自首情节，且被害人吴宸对案件的发生负有一定的责任，判处被告人赵小娟无期徒刑。

律师点评>>>

看到赵小娟失去了宝贵的自由，吴宸失去了宝贵的生命，孟洁无限感慨，动机不纯的婚恋关系，很难长久、幸福，必定隐藏着各种隐患与危机，滋生各种悲剧。

风波过后，孟洁的儿子继承了吴宸的全部股权。孟洁一边悉心抚育孩子，一边经营自己的婚纱店。虽然遭遇过爱情与友情的双重背叛，她仍然相信真挚的感情，当然她也体会到，婚姻不是女人的"保险柜"。应当做好自己的工作，过好自己的生活，为迎接幸福来敲门，做好准备。因为自己赚来的面包更香，对等的爱情更幸福。

婆婆买房设陷阱

关键词　伪造证据的法律责任

这天中午，在内蒙古自治区的一个小县城里经营网吧的王妈妈，中午回家小憩。刚进屋，就听见楼上的争吵声，儿媳刘薇娜推搡着儿子王飞，哭道："你走开！你拦着我干什么呀？离婚了，你不是更可以去风流快活吗？"老太太明白了，儿子有外遇了，儿媳要离婚带孙子走。

老太太冲上前，扇了儿子一巴掌，训斥："你都当爸爸了，怎么还不懂事？"儿子王飞懵了，从小到大妈妈都没舍得打过自己，现在居然当着媳妇的面给自己一巴掌，他羞愤难当，摔门而去。老太太顾不得跑出去的儿子，拉着儿媳的手说："好孩子，都怪我把他宠坏了，我一定好好管教他。你消消气，你俩多不容易啊，怎能说散就散？"

刘薇娜感慨，当初不顾父母的反对，毅然孤身远嫁到这座内陆小城，不就是为了爱情吗？

想当初大四毕业在即，同学们的聚会也多了。在一次聚会上，刘薇娜认识了王飞。K歌时，王飞一首悠扬的蒙古族长调，令人拍手叫绝。之后王飞又说起他儿时在辽阔的草原上纵马驰骋的情景，令人神往，有人提议来一次毕业旅行。五六个热情洋溢的年轻人果真在五一假期结伴到王飞的老家内蒙古自治区游玩。

在内蒙古自治区，小伙伴们认识了王飞的妈妈，这是一位令人尊敬的母亲。王妈妈细心热情，不仅亲自下厨做了丰富的当地美食招待大家，还请一位亲戚给大家当司机和向导。大家这才知道王飞六岁时父亲就病逝了，母亲独自拉扯他长大。为了不让孩子受苦，只有初中文化的王妈妈不辞辛劳，摆过地摊，开过饭馆，后来经营了一家规模不小的网吧，为儿子的成长提供了丰厚的物质基础。难怪王飞身上丝毫没有单亲家庭孩子常见的拘谨与孤僻，同学们由衷地敬佩王妈妈。

这一趟旅行加深了同学们的情谊，更对刘薇娜的人生道路产生了深远的影响。就在临近毕业的这几个月，王飞和刘薇娜成了一对甜蜜的情侣。

校园恋情很甜蜜，可毕业之后怎么办？上海姑娘刘薇娜是家里的独生女，父母当然舍不得她远嫁。可是王飞说如果刘薇娜不能跟他去老家，他们只能分——他不能留母亲一个人在家。

热恋中的刘薇娜难舍爱情，焦虑得茶饭不思，脸色憔悴，她爸妈看在眼里，痛在心里。在他们犹豫不定时，王飞的妈妈不远千里，到上海来拜会刘薇娜的父母。她承诺，她会像对待亲生女儿一样对待薇娜的。无奈之下，刘薇娜爸妈只好同意独生女儿和王飞一起去内蒙古自治区，但前提是必须先结婚。就这样，刘薇娜和王飞作为同学中最早结婚的"毕婚族"，在毕业那年的元旦，两人举行了婚礼，婚后，刘薇娜和王飞一起在内蒙古自治区安家。

王飞母亲的网吧刚开了一家分店，正缺人手，小两口就直接在自家的网吧帮忙。生长在大城市的刘薇娜，对网吧的经营作了细致的分析，推出了系列活动，向大家及时推送最新的文娱资讯，网吧的生意更加火爆。趁着这强劲的势头，他们又连续开了两家分店，发展势头大好。

这是家里的生意，刘薇娜没有从网吧领取一分钱工资，店里的财务由婆婆统筹掌管，当然婆婆跟刘薇娜说，要花钱只管跟她要。婆婆格外高兴，逢人就夸，儿子媳妇回来太好了，我很快就可以享清福了。

但事与愿违，生意的火爆并没有增进小两口的感情，反而显现出他俩的差异。

恋爱时，刘薇娜迷恋王飞那粗犷豪迈的气质，可是婚后，家里大事小情，王飞一概不管不问，而且家族生意的模式，让王飞不思进取，他习惯了母亲操持一切，他还是那个无忧无虑的大男孩。渐渐刘薇娜开始数落他："你是个成熟的男人了！怎么不会体贴妻子、帮母亲分担呢？"可是王飞浑然不觉，说："这日子不是挺好的吗？就你矫情！"作为妻子的刘薇娜埋怨王飞不成熟，但是婆婆始终还把王飞当作大男孩来宠爱，只身远嫁的刘薇娜开始后悔了，难怪父母当初那么极力反对这差异太大的感情。但当她对婚姻开始犹豫的时候，她发现自己怀孕了。

怀孕后的刘薇娜特别想娘家，父母也牵挂孕中的女儿。征得婆婆和丈夫的同意，她回上海安胎。熟悉的家乡气息，让刘薇娜身心舒畅。转眼从待产到满月，刘薇娜在娘家待了大半年。刘薇娜生了个大胖小子，全家人都很高兴，婆婆多次催促，在孩子满了百日之后，她抱着孩子回到内蒙古自治区，和丈夫婆婆团聚。

刘薇娜回来后，感觉丈夫王飞没有想象中的热情，除了偶尔逗逗孩子，几乎和她没有交流，他也很少在家，说是要照顾分店的生意，这让刘薇娜很不安。这天趁宝宝午睡，刘薇娜拎些水果去了王飞管理的分店，她径直推开办公室的门，只见一个女孩正和王飞互相喂着吃午饭。刘薇娜呆了几秒之后，她把手里的袋子砸向王飞，哭着跑了回去。

王飞一路追着刘薇娜回到家。只见刘薇娜在收拾行李，她冲着王飞大吼："你太过分了！我要跟你离婚！"

两人的争吵被回家的婆婆撞见了，听说刘薇娜要离婚带孩子回上海，老太太急忙拉住她说："都怪王飞不争气！我一定好好管教他，那个什么小红、小丽的，立刻叫她滚蛋！你消消气，现在你都当妈了，不能再只想着自己痛快了，得为孩子着想啊！见不着小宝贝，会要我的命啊！"老太太哭了起来。

婆婆的话给刘薇娜不少安慰，虽然婆婆宠爱儿子，但至少没有一味护短。婆婆也说到了她的痛处，宝宝才几个月大，她怎么忍心让宝宝失去完整的家呢？

更重要的是，刘薇娜在上海娘家待产期间，婆婆主动提出，为了方便孩子在上海落户上学，应该在上海买套房，让她把这事落实了。刘薇娜和父母都十分赞同王飞母亲的这个很有远见的建议。几番选择后，定了一处两居室，以刘薇娜的名字签订了购房合同，婆婆转账100万元，支付了首付，之后每个月婆婆都按时往还贷的银行卡里转钱支付月供。

婆婆这样通情达理，如果离婚，的确有些不好。再说，如果现在离婚抱着孩子回娘家，刘薇娜也担心父母难以接受。几经权衡之后，她决定给王飞一次机会。

但修补感情，挽救婚姻，只是刘薇娜一厢情愿。这场风波之后，王飞以不影响宝宝为由，搬到客房去睡了。这是为什么呢？

在母亲庇护下长大的王飞，虽然外形高大，但是内心并未成熟。他和刘薇娜刚毕业就结婚，婚后也没有真正外出工作。他还停留在妈妈的乖儿子的角色里，拒绝成长。在刘薇娜怀孕之前，两人的矛盾初露苗头，王飞觉得刘薇娜不再像以前那么可爱，刘薇娜觉得王飞不成熟。

但孩子的到来，让刘薇娜对婚姻重建信心，却令王飞更想挣脱婚姻的束缚。刘薇娜回上海待产时，王飞就像解放了一样，他刻意追求单身的感觉，放飞自我，借口管理分店，天天泡在店里，和打工妹小红一来二去就好上了。小红还幻想着有朝一日成为网吧的老板娘。没想到，东窗事发，她被王妈妈开除了。当她惊慌失措时，王飞却主动找到她，租下房子，索性和她同居了。

纸包不住火，刘薇娜很快听说了王飞和小红姘居的事，这天她气冲冲地到出租屋砸门，门一打开，刘薇娜冲着小红就是一耳光。王飞上前一把扭住刘薇娜，把她推到门外，这一推搡，刘薇娜没站稳，摔倒在地，胳膊骨折了。

这下矛盾升级了，刘薇娜的父母听说女儿被女婿打到骨折，连夜从上海赶来。

岳父和岳母来兴师问罪，王飞却躲着不见。王妈妈只好不停地向亲家赔礼道歉，请他们再给王飞一次机会，自己会好好管教王飞。女婿不露面，亲家态度诚恳，这让文质彬彬的刘薇娜父母一时不知如何是好。刘薇娜的父亲还没退休，不能长时间请假。但刘薇娜哭着表示，她要带着孩子和父母一起回上海。

前两个月还抱着孩子高高兴兴地去内蒙古自治区的刘薇娜，如今吊着打上石膏的胳膊，带着宝宝又回到了上海娘家，亲朋好友都议论纷纷。刘薇娜更是抑郁，可能自己真的错了，结婚不能光婆婆好，丈夫好才是更关键的。她回上海两个月了，婆婆时常打电话，问她的胳膊恢复得怎么样了，宝宝乖不乖，王飞却没有只言片语。王飞的态度让刘薇娜对婚姻彻底失去信心，她决定离婚，她拿着户口本、结婚证，跑到上海的法院起诉离婚，可是无法立案，为什么呢？原来根据民事诉讼管辖的"原告就被告"原则，刘薇娜应当在被告王飞的户籍地或经常居住地提起诉讼，也就是说她得去内蒙古自治区起诉离婚，而不能选择在上海诉讼。就在刘薇娜考虑什么时候去内蒙古自治区办理离婚时，婆婆的努力又改变了她离婚的进程。

听说儿媳要去法院离婚，婆婆忙押着儿子王飞到上海，给刘薇娜赔礼认错。当着亲家的面，她拉着刘薇娜的手说："孩子，你再给王飞一次机会。老话说，家和万事兴！现在家里商铺就要拆迁了，人口肯定是拆迁安置的重要因素，少个人就少份补偿呢。家里不和睦，肯定要家道败落。我老太婆一辈子辛苦，不就是希望家里兴旺吗？现在好不容易有了孙子，没想到儿子不争气……"老太太抹着眼泪又说："如果他还不知悔改，我只认儿媳和孙子，不再认这个逆子了，将来拆迁，直接把房子写到孙子名下。"婆婆这番话再次感动了刘薇娜，父母也不好强加阻拦，养好了胳膊的刘薇娜带着孩子又回到了在内蒙古自治区的婆家。

这次回来，那小红真的不知去向了，刘薇娜一边照顾孩子，一边协助婆婆照看网吧的生意。王飞说家里的生意由母亲和刘薇娜打理足够了，他应聘去了一家文化策划公司，组织文化会务活动，经常出差。

毕竟有过出轨记录，刘薇娜很难再像从前那样信任王飞，这个家，虽然平静，但缺少了幸福的味道。

在这个小城，只身远嫁的刘薇娜眼里最亲近的人不是丈夫而是婆婆。万般苦闷时，她常常对婆婆诉说自己的心事，她说她觉得和王飞的感情可能再也不回到从前了，就算没有了小红，将来也会有小丽、小芳之类，她对婚姻失去了信心。每次婆婆都劝她，别想太多，日子本身就是平淡的，尤其生了孩子之后，每天柴米油盐，和恋爱时根本不同。现在王飞去外面上班也好，经过社会磨砺，他会更快成熟。婆婆的宽慰让刘薇娜心情好了许多，她很庆幸自己有这样一个通情达理的好婆婆。

就这样，春节临近，刘薇娜最亲的表妹要举行婚礼，她带着孩子回到上海娘家，她也想趁机静一静，考虑一下自己的婚姻到底该何去何从。但她没想到，这次回上海，还没等她作出决定，她的婚姻已再起波澜。

春节刚过，她意外收到内蒙古自治区法院寄来的传票，她成为了被告，而告她的人不是丈夫王飞，而是与她情同母女的婆婆。诉讼请求竟然是婆婆要求确认，刘薇娜名下这处上海的房产是婆婆出资购买的，归婆婆所有。

这比离婚诉状还让刘薇娜伤心，法院还寄来了原告的证据材料，有婆婆的银行卡流水和转款证明，其中，有一份证明让她十分迷惑。

这是一份手写的证明，写在一张 A4 纸的下半部分，内容是："因购房资格问题，婆婆借刘薇娜的名义购买上海房屋一套，该房屋的首付款与月供均由婆婆承担，所有权也归婆婆所有。"上面一半被撕掉了。正文最后几个字与刘薇娜的签名有些重叠是刘薇娜亲笔签字确认的，刘薇娜迷惑了，自己什么时候签过这样的证明？经过努力回忆，她突然醒悟，自己中了婆婆的计谋！

她想起来，在内蒙古自治区期间，一天，婆婆说现在商铺马上要拆迁了，居委会要她写一个证明，儿子、儿媳都要签名，证明都住在一起。当时婆婆拿出一张纸，提笔要写又停下来，说不知道正文该如何措辞，于是她对刘薇娜说："你先把名字签上，下午我去居委会，问问他们该怎么写，现场再把正文补上。"对婆婆无比信任的刘薇娜，没有丝毫戒备，直接在空白纸上签了名字，她又好心在开头写上"拆迁证明"四个字。

现在一想，肯定是那张签了名的空白纸被婆婆拿来写了这份证明。上半部分因为刘薇娜写了"拆迁证明"四个字，被撕去了。想到这里，刘薇娜太伤心了，自己遭遇了爱情的背叛之后，又遭遇了亲情的背叛。她是多么信任婆婆啊，婆婆对她的打击，比丈夫的背叛还要大。刘薇娜瞬间倒下，高烧不退。

婚后买的上海这套房子，虽然是登记在刘薇娜名下，但是首付款的确是婆婆转账来的，每个月的月供，也是婆婆按时转账付的。证据材料中不但有银行查询的记录，还有婆婆办理转账业务的原始凭单。婆婆真是个细致人啊，连这个都留着，怕不是一直留了个心眼，有朝一日，要拿着这些凭单来说道说道。

面对这样的证据，刘薇娜很被动。这房子虽然还登记在她的名下，可是依据那份证明，房子是婆婆借她的名义买的，钱是婆婆出的，跟她和王飞都没关系。而且她从毕业后，就在婆婆的网吧里工作，因为是家里的生意，她没领过工资，所以，她如果离婚，一砖一瓦都分不着，一分一厘都带不走，难道面对爱情与亲情的背叛，刘薇娜还要被净身出户吗？那也太不公平了！

心有不甘的刘薇娜在父母的陪同下，带着这些材料咨询了律师。律师的分析与建议让他们看到了曙光。

律师说法>>>

首先，王家存在家庭财产混同的情况。刘薇娜、王飞小两口毕业后在家里的网吧里工作，没有领取任何报酬。而王家所有的收入都在王飞母亲的银行卡里，所有的支出也都是由王飞母亲承担。因此，王飞母亲银行卡里的钱不能简单地认定为她的个人财产，而是家庭共同财产。那么，从王飞母亲银行卡转账的用于支付购房的首付款和偿还月供的钱款，就不是王飞母亲的个人财产，而是他们家庭的共同财产。

其次，律师指出，本案最有争议的那份证据——刘薇娜亲笔签名的证明，这份证明里只有签名是刘薇娜所写，其余部分均为王飞母亲所写，所以这份证明的内容是不是刘薇娜的真实意思还有待考证。而且这份奇怪的证明写在半张纸上，很不严肃，试想谁会如此潦草地书写一份这么重要的证明呢？仔细研究这份证明可见，它正文的最后一行字，和刘薇娜的签名有些重叠。通过这些重叠的笔迹，依靠技术鉴定手段，是可以判断出到底是刘薇娜的签名在先，还是正文内容在先。因此，律师向法院提出笔迹鉴定申请，一旦证明这份证据是原告伪造的，将申请追究王飞母亲伪造证据的法律责任，这个鉴定申请当即得到了法官的许可。

律师还真不是吓唬王飞母亲，民事诉讼中伪造证据应当承担法律责任。

法条链接>>>

《中华人民共和国民事诉讼法》

第一百一十一条　诉讼参与人或者其他人有下列行为之一的，人民法院可以根据情节轻重予以罚款、拘留；构成犯罪的，依法追究刑事责任：

（一）伪造、毁灭重要证据，妨碍人民法院审理案件的；

（二）以暴力、威胁、贿买方法阻止证人作证或者指使、贿买、胁迫他人作伪证的；

（三）隐藏、转移、变卖、毁损已被查封、扣押的财产，或者已被清点并责令其保管的财产，转移已被冻结的财产的；

（四）对司法工作人员、诉讼参加人、证人、翻译人员、鉴定人、勘验人、协助执行的人，进行侮辱、诽谤、诬陷、殴打或者打击报复的；

（五）以暴力、威胁或者其他方法阻碍司法工作人员执行职务的；

（六）拒不履行人民法院已经发生法律效力的判决、裁定的。人民法院对有前款规定的行为之一的单位，可以对其主要负责人或者直接责任人员予以罚款、拘留；构成犯罪的，依法追究刑事责任。

律师语重心长地对王飞母亲说："您知道吗？伪造证据的后果是很严重的，造成法官误判，严重的可以追究刑事责任。如果您能及时改正，可以视为情节轻微，法官进行口头批评教育就可以了。"

接着，刘薇娜对王飞母亲说："我太失望了，你怎能利用我对你的信任呢？"

此时，原告席上的王飞母亲变得很不安，嘴唇翕动，欲言又止。法官再次解释其中的利害关系之后，她红着脸请求撤回这份证据。

她喃喃地说，当年丈夫去世，很多人劝她早日再嫁，可是倔强的她怕苦了儿子拒绝再婚。为了生计，她开始做生意，她摆小摊，开饭店，其中的艰辛不必多说。后来利用自家邻近学校的门面房，开了网吧，生活才宽裕安逸一些。

儿子娶回上海姑娘刘薇娜，她特别高兴。可是好景不长，两人感情出了问题。只怪自己把儿子宠坏了。她心疼儿子从小没有父亲，生怕他受一点委屈，如今都成家了儿子还是不懂事。她是真心喜欢刘薇娜，可看他俩越过越远，她觉得这婚早晚得离了。

在老太太眼里，这个家是她一点一点支撑起来的，儿子、媳妇、孙子都是她的亲人。她给孙子在上海买学区房是真心实意的，但是一想到他们要离婚，她心里十分难受。一旦离婚，媳妇就不再是自家人了，尽管她知道问题出在自己儿子的身上，但儿子始终都是她的亲骨肉。但房子落在刘薇娜的名下，这该怎么办？那天，在居委会里老人们说起在电视上看到的一起借名买房的纠纷，王飞母亲灵机一动，以拆迁需要为理由，让刘薇娜在空白纸上签下名字。

"我真心不想分割啊，不论是财产还是感情！"说完，老太太泣不成声，一旁的刘薇娜也掉下眼泪。

法官中止了庭审，进行调解。这虽然是一起财产纠纷，但背后根源是小夫妻的婚姻问题。

老太太逼着想逃避的王飞出面和刘薇娜协商。最后，王飞母亲撤诉，王飞和刘薇娜协议离婚。离婚后，刘薇娜带着孩子回上海生活，上海的房产归她所有，剩余贷款也由她偿还。

这番经历对三个人影响都很大。

为了爱情勇敢远嫁的刘薇娜，离婚之后带着孩子回到父母身边。此时刘薇娜意识到，离开校园，自己已是步入社会的成年人，必须为自己的选择负责，今后她要担负抚育孩子的重任。

这场诉讼更让她明白，在生活和工作中，法律意识不可或缺，授权、签名一定要谨慎，尤其是不能在空白纸张、空白文件上随意签名。因为，一旦你签字的空白纸张或者空白文件被人肆意利用，如果你不能证明那些内容是在你签字之后填写的，你就要对此承担相应的法律责任。

王飞妈妈是一位伟大的母亲。丈夫病逝之后，她自强不息、吃苦耐劳，为儿子提供了不错的经济支持。但是王飞母亲有一种补偿心理，她想多多关爱儿子，以弥补孩子缺失的那一半父爱。这样的关爱是真切深厚的，但是在补偿心理的驱使下，这样的关爱容易演变成溺爱，造成孩子拒绝成熟，无法成长为一个人格健全的人。经历这几年的波折，王飞妈妈也在反省，父母不能永远做子女的拐杖，她不能替儿子包办一切，自己适时退出，才能帮助儿子尽快独立，使儿子经营好他自己的人生。

离婚对王飞的触动挺大的。离婚之后，他顿感失落，曾经亲密的妻子从此形同陌路，想见孩子也不容易。失去至爱之后，他才意识到以前的自己是多么幼稚……

儿媳遇上小婆婆

关键词 侵犯商业秘密　不作为犯罪

职场丽人王嘉嘉最近有点烦，前不久，一个和她年纪相仿的女人搬进了她的家，成了她的小婆婆。从那以后，她的生活发生了翻天覆地的变化。

王嘉嘉和丈夫杜晓锋是大学同学。晓锋的母亲早年病逝，父亲杜培海一手创办了家族企业，成为当地的行业翘楚。王嘉嘉和杜晓锋毕业后就结婚了，一起在家族公司工作，杜晓锋做销售，王嘉嘉做财务。

小两口和父亲杜培海住在一起，不久，王嘉嘉生下儿子桐桐，年近六旬的杜培海对孙子很疼爱。看到杜家的家庭、事业都蒸蒸日上，老爷子十分高兴，多次表示他计划早日交班，把公司交给儿子和儿媳管理，自己就颐养天年了。他还特意交代儿媳王嘉嘉多用心，要担纲挑梁。小两口也勤奋工作，生怕辜负了父亲的信任与嘱托。

然而计划赶不上变化。

这天一早，杜培海说晚上要在家里招待客人，特意叮嘱儿子和儿媳下班后早点回家。王嘉嘉特意早早下班。一进家门，丈夫杜晓锋早到家了，保姆已经准备好了丰盛的菜肴，公公杜培海兴致很高地招呼她洗手入座，马上开饭。

今天的客人是一位年轻的女士，公公郑重地向她介绍："这是杨小琴，我女朋友。"王嘉嘉稍稍惊愕之后，立刻展开笑容，说："恭喜爸爸。"她用余光扫向丈夫，只见杜晓锋的神情并不愉悦，想必他的心情很复杂。

这也难怪，公公丧偶多年，杜晓锋也曾鼓励父亲再婚，公公都不大上心。不料，父亲突然交了个女朋友，今天这么郑重其事地向他们介绍，依父亲的行事风格，想必不久就要迎娶这位杨女士了。可是这位杨女士，不过三十多岁，比王嘉嘉、杜晓锋大不了几岁。想到要面对如此年轻的继母，杜晓锋夫妇心里当然别扭，但看在父亲的面上，两人不能反对。

果然，在次年元旦，杜培海就举行了盛大的婚礼，迎娶了杨小琴。有人称赞杜培海青春焕发，杜家父子婆媳站在一起，根本就像是兄弟姐妹嘛，听得杜培海哈哈大笑，但是杜晓锋和王嘉嘉心里却不是滋味。

父亲再婚后，面对如此年轻的继母，杜晓锋特别尴尬、别扭，一个屋檐下，饮食起居多有不便。于是他跟父亲提出想带孩子搬出去住，杜培海坚决反对，他说他舍不得离开桐桐，希望含饴弄孙。念及父亲对孩子的疼爱，杜晓锋夫妇只好继续留了下来。

小婆婆杨小琴的出现不仅改变了家庭气氛，也让公司发生了不少变化。

杨小琴和王嘉嘉都是学财会的，杨小琴自然也进了财会部。公司财务总监年前就在办移民，大家都觉得继任者非王嘉嘉莫属，老爷子也从未有过异议。可是正式交接时，老杜却改主意了，他表示，自己直接管理财务部，财务总监的位置先空着，王嘉嘉和杨小琴都担任财务副总监。王嘉嘉心里不舒服，觉得公公可能不再重用自己了。杜晓锋宽慰她说，毕竟杨小琴比他们长一辈，父亲这么做是为了照顾她的面子，不是不信任王嘉嘉。

可是后面发生的一连串事情，让王嘉嘉坚信事情不是杜晓锋说得那么简单。杜培海对杨小琴和王嘉嘉进行了分工，两人的工作内容互不交叉。但这种平分秋色的局面并没有持续太久，杨小琴很快向总经理提交了一份报告，她尖锐地指出，公司里陈年坏账若不及时清理，将严重阻碍公司的业绩。为此，她提出了大刀阔斧的整改方案。老爷子杜培海对她的建议大加赞赏，还积极帮她部署落实。整改工作果然大有成效，公司增加了不少效益。人前人后老爷子毫不掩饰地夸小娇妻是自己的左膀右臂。

公司上下议论纷纷，大家觉得估计财务总监要换人。王嘉嘉心里能好受吗？她憋着气呢！小婆婆杨小琴的那套方案，自己也跟老爷子提过，可是他总说时机不成熟，虽然短期会增加利润，但是不利于稳定客户，影响长期收益，还教育她要有大局观，不能因小失大。可这怎么就变成杨小琴的创新提案呢？怎么她一提老爷子就百般称赞，还亲自落实了呢？越想越气，王嘉嘉决定去找公公评评理。面对愤愤不平的儿媳，杜培海说："因为公司已完成了经营模式的转换，所以现在做这些变革利大于弊了，是良方还是昏招，时机很重要。"但是王嘉嘉不依不饶，呛道："就算时机很重要，但那些方案也是我先提出来的呀，怎么全成了杨小琴的功劳了？"她的抢白，让老爷子一时语塞，他有些尴尬地说："杨小琴和你英雄所见略同，可是她抓的时机更恰当。她新加入公司，这也正好帮她树树威信啊。"

心直口快的王嘉嘉较上劲了："拿我的方案帮她树立威信，您这是偏心啊！"公公杜培海显然很不高兴了，他说："我刚才说了，这也是杨小琴自己想出来的！虽然方案类似，但是你在去年的状况下提出来，就是一个糟糕的提案。看不准时机是经营能力一个严重缺陷，你还谈什么功劳？"看着公公难看的脸色，王嘉嘉不敢再说话转身气冲冲地走了。这是她第一次和公公发生争执，事后她有些忐忑，自己会不会因此彻底失去公公的信任呢？

没过两天，忐忑的王嘉嘉却意外地得到人力资源主管的通知，由她接任财务总监的职位，这应该是个好消息啊，但是她看到人力主管复杂的表情便知道事情并不简单，追问之后才得知，杨小琴越级升任了副总经理，还分管财务部，成了王嘉嘉的直接上司！前一分钟还很兴奋的王嘉嘉立刻就像泄了气的皮球，照这架势，自己在公司的地位很快会被杨小琴取代。

果然，杨小琴安排了两个亲信在财务部，越过财务总监王嘉嘉，直接向她汇报，这分明是架空王嘉嘉这个总监嘛。正在王嘉嘉窝火的时候，坏消息一个接一个，杨小琴怀孕了。

当王嘉嘉告诉丈夫这个消息时，杜晓锋还傻呵呵地说："我们桐桐要有一个比他还小的叔叔或姑姑，是有些尴尬哈。"王嘉嘉气不打一处来，说："你什么脑子？你爸的接班人又多了一个，你的继承权就要分走一半！这才是重点！"

杨小琴怀孕后，老爷子杜培海喜出望外，要求杨小琴在家多休息，公司的事情尽量放手让王嘉嘉去管理。

　　杨小琴的火箭式上升，自然也让公司里一些资历深厚的老员工心理失衡，她休假后，这些人迅速聚集在王嘉嘉周围，七嘴八舌，极力怂恿王嘉嘉在杨小琴休产假期间，去掉她的左膀右臂，在她根基还不深的时候，让她彻底回家带孩子。王嘉嘉也觉得这是最好的机会，自己绝不能错过了。

　　杨小琴休假后，王嘉嘉以财务总监的身份，推行了一套新的财务部职员考核办法，这个标准几乎就是为杨小琴的两个亲信量身定制，只要考核结果一出，他俩就会被清理出去，杨小琴对财务部门控制就是虚有其名了。

　　十月怀胎之后，杨小琴生了个男孩，取名亮亮。趁着杜培海、杨小琴沉浸在喜获麟儿的喜悦时，王嘉嘉紧锣密鼓地实施她的计划。可是千算万算，她万万没想到，杨小琴居然会在生完孩子后仅休息了一个月，就回到公司上班。杨小琴的回归彻底打乱了王嘉嘉的节奏，让她遭受更有力、更彻底的打击。杨小琴以远期业务规划为由，安排王嘉嘉脱产学习，参加一项为期一年的业务培训。在瞬息万变、时不我待的职场，一年的时间，将意味着王嘉嘉彻底失去在公司的根基。

　　回想自己这些年来对公司的倾力付出，王嘉嘉无比失落。她虽然感觉极度憋屈，但不想再去找公公评理了。她看到，老来得子的杜培海仿佛焕发第二春，越来越年轻了，他有娇妻幼子，自己这个儿媳在他心里彻底没分量了。在刚召开的董事会上，他说要无限期延长退休计划，这也意味着杜晓锋的接班时间遥遥无期。

　　眼看在公司大势已去，王嘉嘉极力怂恿丈夫另立门户，但杜晓锋很犹豫，一是他没勇气，二是他觉得毕竟自己是长子，而且弟弟那么小，父亲不会亏待自己的。

　　王嘉嘉的想法和杜晓锋的想法不一样。凭她的能力和付出，大学毕业这五年，无论在哪儿干，现在都应该打下了不错的基础。当初她和杜晓锋结婚，也曾被人嘲讽说是贪图富贵，但她凭借五年的努力，赢得了大家的刮目相看。她曾立志要和丈夫一起，把家族企业做大，没想到半路杀出个杨小琴，还生了个比自己儿子还小的孩子。自从杨小琴的小儿子亮亮出生后，老爷子对孙子桐桐的关爱明显减少了。将来亮亮长大，桐桐怕更是没分量了。想到自己儿子将来可能受到的委屈，王嘉嘉的心里更不是滋味了，她得替儿子早作打算。

那该怎么办呢？王嘉嘉想，与其和杨小琴明争暗斗，不如另立门户。说干就干，她悄悄地注册了另一家公司，经营和家族公司一样的业务，她把公司开拓的新客户都签到自己的小公司里，她期待着新公司积累到一定规模，就彻底离开家族企业。

可是没有不透风的墙，她的这点小九九，很快被杨小琴知道了。杨小琴带着律师告到杜培海那里，说她正在挖自家公司的墙角，要把优质客户带走，性质恶劣，是刑事犯罪。

王嘉嘉警告杨小琴不要危言耸听，但是律师解释说，王嘉嘉的行为侵犯了公司的商业秘密，而且金额巨大，可能构成侵犯商业秘密罪，可能被追究刑事责任。

律师说法>>>

商业秘密，是指不为公众所知悉、能为权利人带来经济利益，具有实用性并经权利人采取保密措施的技术信息和经营信息。比如，管理方法、产销策略、客户名单、货源情报等经营信息，生产配方、工艺流程、技术诀窍、设计图纸等技术信息。

任何人实施侵犯商业秘密的行为应当承担相应的法律责任，这些法律责任包括行政责任、民事责任和刑事责任。

1. 行政责任：国家工商行政管理机关对于侵犯商业秘密的行为可以进行查处，对确认侵权的，可以给予行政处罚。

2. 民事责任：侵犯商业秘密的民事责任是一般民事侵权责任的特别适用，《中华人民共和国民法通则》第一百三十四条规定了十种主要的承担民事责任的方式，对于信息的侵权责任可以适用六种主要的承担民事责任的方式：停止侵害，排除妨碍，消除危险，返还财产，赔偿损失，消除影响、恢复名誉，赔礼道歉。

3. 刑事责任：给商业秘密权利人造成重大损失的，构成侵犯商业秘密罪，行为人应当承担刑事责任。

法条链接>>>

《中华人民共和国反不正当竞争法》

第二十一条　经营者以及其他自然人、法人和非法人组织违反本法第九条规定侵犯商业秘密的，由监督检查部门责令停止违法行为，没收违法所得，处十万元以上一百万元以下的罚款；情节严重的，处五十万元以上五百万元以下的罚款。

《中华人民共和国刑法》

第二百一十九条　侵犯商业秘密罪

有下列侵犯商业秘密行为之一，给商业秘密的权利人造成重大损失的，处三年以下有期徒刑或者拘役，并处或者单处罚金；造成特别严重后果的，处三年以上七年以下有期徒刑，并处罚金：（一）以盗窃、利诱、胁迫或者其他不正当手段获取权利人的商业秘密的；（二）披露、使用或者允许他人使用以前项手段获取的权利人的商业秘密的；（三）违反约定或者违反权利人有关保守商业秘密的要求，披露、使用或者允许他人使用其所掌握的商业秘密的。明知或者应知前款所列行为，获取、使用或者披露他人的商业秘密的，以侵犯商业秘密论。本条所称商业秘密，是指不为公众所知悉，能为权利人带来经济利益，具有实用性并经权利人采取保密措施的技术信息和经营信息。本条所称权利人，是指商业秘密的所有人和经商业秘密所有人许可的商业秘密使用人。

《最高人民法院、最高人民检察院关于办理侵犯知识产权刑事案件具体应用法律若干问题的解释》（法释〔2004〕第19号）

第七条　实施刑法第二百一十九条条规定的行为之一，给商业秘密的权利人造成损失数额在五十万元以上的，属于"给权利人造成重大损失"，应当以侵犯商业秘密罪判处三年以下有期徒刑或者拘役，并处或者单处罚金。

儿媳遇上小婆婆

给商业秘密的权利人造成损失数额在二百五十万元以上的，属于刑法第二百一十九条规定的"造成特别严重后果"，应当以侵犯商业秘密罪判处三年以上七年以下有期徒刑，并处罚金。

经过律师解读，王嘉嘉才知道自己的所作所为居然有这么严重的法律后果，客户都以为她的小公司是家族公司的子公司，大订单纷至沓来，金额极大。杨小琴口口声声说不能包庇姑息，一定要严惩不贷，以儆效尤，才能杜绝公司里其他工作人员效仿。

王嘉嘉吓得脸色惨白，惊恐地看着公公杜培海。杜培海当然很生气，他一直紧锁眉头，一言不发，随后他抬手示意杨小琴别说了，随即勒令王嘉嘉即刻关了她的新公司，以业务调整为由，把客户合同转回家族企业，王嘉嘉在家族公司的所有工作与杨小琴办理交接。

新公司关了，家族企业里的职务又被解除了，一向风风火火的王嘉嘉突然闲在家里，百无聊赖，茫然无措。杜晓锋劝她："等爸爸的气消了就没事了。"但王嘉嘉不这想，公公现在有了娇妻幼子，他对儿子杜晓锋的感情可能不会变，但对自己就不一样了。

这天早上，天色阴沉，王嘉嘉的心情也极其压抑，今天是她一手开拓的海南项目的开工仪式，杨小琴陪杜培海去出席了。王嘉嘉在手机上看到了同事发的微信朋友圈，杨小琴花枝招展，左右逢源。这条信息下面一片点赞，王嘉嘉看到之前怂恿自己扳倒杨小琴的那些人居然也纷纷点赞，还不忘发评论谄媚奉承，各种讨好，她觉得格外刺眼。

所有转变都发生在这两年间。之前，她是公司未来的接班人，人群簇拥，如今她是无所事事的家庭主妇，孤单冷清，这一切都是因为杨小琴，她迅速地取代了自己，她的儿子也将取代自己的丈夫和儿子的地位。本来儿子桐桐是杜家三代单传，杜培海将他视若珍宝，桐桐的保姆张姐都是杜培海精心挑选的。

张姐确实不错，把孩子照顾得很好。没想到杨小琴生了亮亮后，老爷子竟然安排张姐去照顾亮亮，给桐桐另找保姆。王嘉嘉知道，这又是杨小琴的主意，她连桐桐的保姆都抢。

　　这不，新保姆一连换了六个，桐桐都不能适应，现在王嘉嘉只能自己接送孩子。

　　幼儿园快放学了，王嘉嘉因为感冒，昏昏沉沉的。张姐说，反正家里就她们俩，亮亮这一觉要睡两个小时，一会儿她去接桐桐。张姐出门后，王嘉嘉迷迷糊糊地睡着了，可是就这会儿工夫出事了。

　　张姐接桐桐回来后，就去看亮亮，突然张姐一声惊叫，王嘉嘉跑去一看，只见亮亮脸色青紫，张姐拿着一个漏了气的气球，哆嗦地说："快叫救护车！"

　　救护车很快赶到，但没能挽回亮亮幼小的生命，因为这个漏气的气球，盖住了亮亮的脸，导致他窒息死亡。连夜赶回来的杨小琴哭得肝肠寸断，杜培海一下苍老了许多。

　　杨小琴厉声责骂张姐："你不看好孩子，跑到哪里去了？"张姐又惊又怕，瑟瑟发抖地说："我去接桐桐了，来回也不到一小时，哪里想到会发生意外。"

　　因为是非正常死亡，医生通知了警察，警察进行现场勘察后也认为这是意外。突然一直房间里闷声不响的杨小琴扑了出来，指着王嘉嘉厉声尖叫："不是意外！她是杀人凶手！"

　　王嘉嘉浑身发抖："你不能血口喷人！我什么都没做！"

　　杨小琴说："是你杀死亮亮的！你进过亮亮的房间！就算是凑巧气球盖住了亮亮，你也应该帮他拿开！"

　　"这是怎么回事？"公公杜培海厉声问她。王嘉嘉结结巴巴地说："我是去看过，看他睡得好不好，那时没有气球盖着他。"

　　杨小琴打断她："你就随便编吧！我已经把录像交给警察了，你去和警察解释吧！"

　　怎么会有录像？

　　原来，杨小琴既想陪杜培海出席活动，又舍不得幼小的孩子，恨不得时时看着孩子。于是出发前，她在婴儿室里放置了一个摄像头，登录手机 App，可以随时看到房间里的一切，这个 App 还有 72 小时的回放功能。而且她多了个心眼，想看看他们不在时，保姆是不是尽心地照顾孩子，所以安装摄像头这事，她谁也没告诉。

当天她忙于活动，没看手机，得知噩耗赶回北京之后，她不愿接受这个悲剧。她打开手机回放，看到孩子在小床里熟睡，床头的气球突然破了，碎片盖在孩子的脸上时她无比后悔，自己为什么把那个气球绑在孩子的床头啊。可是接着她又看到，王嘉嘉进来，她在孩子床前看了一眼，她应该看到了那个盖在孩子脸上的气球碎片，可她伸出了手，又缩了回去，转身离开了。过了好久，房间里一片寂静，直到保姆张姐进来，走近小床，一把掀开气球碎片，不停摇晃宝宝的身体，哭着跑出去……

看过这段录像，公公憎恨的眼神让王嘉嘉感到害怕。但她还极力辩解："我什么都没做，和我没关系……"

但是，真的和她没关系吗？很快警察以涉嫌故意杀人罪将她刑拘，王嘉嘉被吓蒙了，她什么都没做，为什么还涉嫌故意杀人呢？

律师说法>>>

问题的关键就在于她什么都没做。不是所有的犯罪行为都是积极主动的，有些消极、不作为的行为也有可能构成犯罪，即不作为犯罪。

不作为犯罪，是指行为人违反法律直接规定，负有法定义务而拒绝履行，情节严重或情节恶劣的行为。可以用六个字简单概括不作为犯罪，就是应为、能为、不为。就是你应当做的，你能够做的，你却没有做，造成严重后果，你就要承担刑事责任。

构成不作为犯罪的前提是行为人有法定应当作为的义务。不作为犯罪的法定应当作为义务来源主要有以下几个方面：

1. 法律明文规定的积极作为义务　比如，母亲给婴儿喂奶，这应当典型法定作为义务。还有刑法中的遗弃罪、虐待罪都属于未尽法定义务而构成的不作为犯罪。

2. 职业或者业务要求的作为义务　它是指一定的主体由于担任某项或者从事某种业务而依法被要求履行的一定的作为义务，如老师对在校学生的监管责任就是典型的职业要求的作为义务，还有刑法中的玩忽职守罪、渎职罪都属于未履行职业作为义务而构成的不作为犯罪。

3. 先行行为引起的积极作为义务　行为人原本不存在法定作为义务的，但是由于自己之前的行为而使得他人的合法权益处于危险状态时，这时行为人就产生阻止损害结果发生的作为义务。

在本案当中，王嘉嘉不是亮亮的父母，对他没有法定监护义务，她也不是亮亮的保姆，不存在职务要求的作为义务。但是，当她听到气球爆破的声音，跑进房间，看到气球碎片盖住了亮亮的口鼻，作为与亮亮的同住成年人，她不能坐视不管，她应当帮助亮亮脱离危险，但是她什么都没做。正是她应为、能为而不为的行为，最后也造成孩子死亡这样的严重后果，所以公安机关认为她已构成故意杀人罪。

最终经法院审判，王嘉嘉被判处有期徒刑五年。

宣判后，杜晓锋离开公司，带着儿子从家里搬出来，他要自力更生，等王嘉嘉出狱。失去孩子后，杨小琴终日以泪洗面，悔不当初，后悔与王嘉嘉的勾心斗角，埋下仇恨种子，酿成丧子的苦果。

冷清的家失去了生气，杜培海衰老了许多，他强打精神独自支撑公司，而公司业绩急剧下滑，竞争对手甚至提出要以超低的价格收购公司的要求，杜培海倍感茫然……

律师点评>>>

俗话说，创业难，守业更难。

白手起家的杜培海曾儿孙绕膝，事业成功。他曾悉心培养儿子和儿媳，想在合适的时间把自己奋斗一生的成果顺利交接。娇妻幼子的出现又让他踌踌满志，希望自己的事业更上一层楼。但他忽视了调和家庭成员之间的关系，最终家庭破碎，事业一落千丈。

改革开放四十年，我国涌现出一批优秀的企业家，如今很多企业家面临传承与交接的问题，不少企业家早已未雨绸缪、规划布局了。无论如何筹划，最简单、最朴素的原则，还是老百姓常说的"家和万事兴"。家人之间，多一些理解与宽容，多一些沟通与体谅，矛盾会化解，家庭会更幸福，事业也会更兴旺。

葬礼上冒出的"儿媳妇"

关键词 虚假诉讼罪

2015 年 11 月，40 岁刚过、身家近亿元的周斌，突发脑溢血去世，他父亲周世恒悲恸欲绝。这位七旬老人，三年前刚安葬了久病西去的老伴儿，现在还要操办儿子的葬礼，这让他几近崩溃。

在追悼会上，公司不少职员都来送周斌最后一程，已经离职的女员工吴静也来了。她向遗体鞠躬之后，走到老人面前说："爸爸，您多保重。我会和您一起撑起咱家公司。"

爸爸？周世恒听糊涂了，儿子离婚后一直单身，什么时候再婚了？为什么全家人都不知道？但吴静一脸认真，不像说胡话。为了避免混乱，周世恒把她带到了旁边的休息室问个究竟。

吴静说，她和周斌去年已经结婚了，但是为了顾忌周斌的儿子周昊天的感受，周斌没有公开，他本想等春节大家团聚时公开喜讯，没想到……说着，吴静抽抽搭搭地哭了起来。周世恒对她的话半信半疑，于是小心地提出："能给我看看结婚证吗？"没想到，他这要求把吴静给激怒了。她"噌"地站起来说："我没结婚证！我就是他的合法妻子！我有权接管他的公司！"

吴静的激烈反应让周世恒更加怀疑，尤其她最后一句话，更让周世恒觉得她想图谋周斌的遗产。周世恒黑着脸说："你要真的关心周斌的话，就不该现在来闹，让他走得不安心！"说完拂袖而去，继续为葬礼忙碌去了。

葬礼之后，吴静几次联系，周世恒都不承认她与周斌的婚姻。周世恒坚信，吴静拿不出结婚证，周斌在抢救室的最后时刻，也没见她来探望。怎么人走了，她倒出来认亲呢？周世恒觉得她就是个骗子，想骗遗产，便不再搭理。但是吴静没有就此罢休，沟通无果后，她把周斌的父亲、儿子都告上法庭，要求确认自己也是周斌的法定继承人之一，参与遗产分配。

周世恒不得不应诉。为了慎重起见，开庭前，周世恒特意向儿子生前的好友、同事们打听，问他们知不知道吴静和周斌结婚的事。大家一致表示没听说他俩结婚，有人说两人曾谈过恋爱，但是大约在一年前，又听周斌说已经分手了，后来吴静也离开了公司。了解这些之后，周世恒信心满满地去开庭，他斩钉截铁地告诉法官："我儿子周斌自从2012年离婚后，一直未再婚。我们都知道，只有经过登记的婚姻才受法律保护，吴静拿不出结婚证，我们怎能相信她说的话呢？"

面对周世恒的质疑，吴静不慌不忙地向法庭提交了一份证据，这是一份加盖民政局公章的证明，证明周斌和吴静2013年1月12日在民政局登记结婚，并载明他们的结婚证号。这份证明的出具时间，正是周斌病逝后的第三天。吴静向法庭解释，自己结婚证丢了，所以去民政局开了这个证明。证明和结婚证具有同样的法律效力。

这是怎么回事？看到这份证明，望着吴静嘴角得意的冷笑，周世恒有些慌了，他本能地摇头："不可能，这肯定有问题。"突然他想到，结婚登记，男女双方要亲自到场填写申请、提交材料的，民政局有存档，我要求核查档案！

为了查明事实，法庭出具了调查令，向民政局调取了吴静和周斌的婚姻登记原始材料。材料调取之后，法庭组织质证。周世恒发现，结婚申请书上真有儿子周斌的亲笔签名，但是申请书上的时间左涂右画，他提出质疑，儿子是一个掌管着上亿元资产的老板，怎么会连个结婚申请表都涂改得乱七八糟？这样的申请表民政局也接受？太不严肃了！这婚姻登记档案显然有问题！周世恒坚决地说："我不认可，这绝对是伪造！"

可是，婚姻登记档案是法官亲自去民政局调取的，虽然时间有涂改，是不严肃，但是周世恒并未质疑最重要的签名的真实性，而且涂改并不影响档案的法律效力。很快法院作出一审判决，认定吴静与周斌存在婚姻关系，自

2013年1月他们结婚登记以后，周斌因公司股权获得的收益属于夫妻共同财产，其中有一半属于吴静，另一半属于周斌的遗产，由周斌的父亲、儿子和吴静按份继承。而公司在2014年，有一次未分配利润转换股权，周斌名下的股权份额增加。这样一来，吴静获得了周斌大部分股权，足以控制公司。一审判决一出，她就迫不及待地跑到公司，挥舞着手里的判决，通知公司员工以后都得听她的。

老爷子周世恒气得火冒三丈，叫保安把这个疯女人拖出去。他说："你别得意得太早，现在只是一审判决，我已经上诉了，最后怎么判，还不一定呢！"吴静忿忿地说："二审也不可能改变这个结果的，这公司迟早得听我的！"说完走了。

二审结果真如吴静所愿吗？二审开庭时出现了一个新的当事人，那是周斌的前妻赵青。赵青当然认识吴静，当初就是吴静介入她与周斌的婚姻，导致两人离婚的。赵青听说自己离婚后没多久，吴静也和周斌闹掰了，吴静离开了公司。已与周斌离婚多年的赵青本来不想参与这场争议，但是没想到一审吴静居然凭着一张证明，分走了周斌大部分财产，还将控制周斌一手创办的公司。如果公司由她管理，周斌多年的心血很快就会毁于一旦，周世恒、周昊天祖孙俩的利益也会受损。所以当老爷子周世恒找到前儿媳赵青，希望她伸出援手时，赵青一口答应了。

可是赵青已经在2012年和周斌离婚了，她以什么理由参加诉讼呢？原来，律师分析，发现赵青与周斌离婚时，离婚协议中没有对公司股权进行分割。2014年周斌用于转换成股权的公司利润，是与赵青夫妻关系存续的十年期间积累形成的，因此，赵青可以主张周斌名下的股权先分自己一半，剩下的才是周斌的遗产，由各继承人按份继承。

这样，二审法院认定一审法院未查明事实，作出发回重审的判决。重审之后的新判决，改变了原来的结果，赵青果然得到了周斌名下一半的股份，吴静只分得六分之一的股份，剩下的由周世恒、周昊天祖孙俩继承。按这个股权比例，吴静不可能控制公司了。赵青母子俩的股份一并委托给老爷子周世恒管理。年过七旬的周世恒，不得不重回公司，经营儿子留下的事业。

公司控制权得而复失，吴静心有不甘。于是她利用自己的小股东身份，给老爷子添堵，想迫使老爷子高价买走她的股份。她一会儿跑到公司财务部门，要查阅所有的账本，说这是行使股东的知情权；一会儿又以公司股东的名义，信口开河地跟别人谈业务，最后别人闹到公司来，扬言要举报公司诈骗。吴静不断制造麻烦，周世恒不胜其扰。本来分给吴静股权，周世恒就不甘心，被她这么一折腾，更想彻底把她清除出去，该怎么办呢？

几经思索，周世恒觉得吴静与周斌的婚姻十分蹊跷。儿子一向条理清晰、做事稳重，他要再婚没人阻拦，干吗要隐婚呢？为什么结婚后吴静反而离开了公司呢？这不合常理啊，必有隐情。为了揭开谜团，周世恒决定继续调查。

回想案件的过程，周世恒认为民政局出具的那份证明是关键，他决定去民政局查个究竟。

多方打听，周世恒得知，吴静与婚姻登记处的李主任来往甚密！吴静经常来婚姻登记处找她，还一口一个李阿姨叫着。但是，关系亲密并不能直接说明证明是假的，怎么能找到足以推翻原来判决的有效证据呢？问问律师去！

周世恒直奔律师事务所，他的律师也正要告诉他一个非常重要的信息。2013 年 11 月，吴静离开公司后，以单身的身份全款买了一套房。吴静给开发商提交了同样是民政局盖章的单身证明。这大有问题！ 2013 年 11 月给吴静开了单身证明，2015 年周斌去世后三天，民政局又开证明说他俩在 2013 年元月登记结婚，这不是自相矛盾吗？

周世恒说："难道民政局的李主任能信口开河吗？一会儿已婚一会儿单身的，跟变戏法似的说变就变。"凭借这两份矛盾的证据，周世恒向法院递交了申诉申请，很快启动了审判监督程序。

这次再审让吴静措手不及。她一口咬定，民政局出具的婚姻状况的证明没问题，她和周斌 2013 年 1 月就登记结婚了，她有继承权。她又不能否认

2013 年 9 月那份单身证明的真实性，不然她买的房子就变成和周斌的夫妻共同财产了，那也要分割和继承。到底该如何认定呢？这当然需要这两份矛盾的材料的出具单位——民政局来解释了。

民政局的李主任表示，这两份证明都没错。2013 年 1 月，周斌和吴静确实登记结婚，但是，2013 年 8 月，他们又离婚了。因此 2013 年 9 月，应吴静的申请，民政局为她开具了单身证明，这没问题。2015 年 11 月，吴静申请查询她的婚姻登记时间，我们证明 2013 年 1 月是她和周斌婚姻登记的时间，这也没问题。民政局的李主任振振有词，好像完全无辜。

周世恒气极了，他说："民政局的李主任是揣着明白装糊涂，与吴静沆瀣一气，图谋周斌的遗产。明明早已离婚了，吴静还口口声声以配偶的身份来要求继承遗产，凭借这份偷换概念的证明，到法院提起诉讼，还阴谋得逞分到了巨额财产，这不是诈骗吗？这不该判刑吗？"

面对老爷子的严厉质问与指责，吴静情绪激动地说："是周斌对不起我，是他逼我离婚的……"周世恒也很纳闷，当初儿子周斌怎么就突然和儿媳赵青离了婚？又怎么会在不到一年的时间里，和吴静隐婚又离婚的呢？其中原委还真挺曲折。

2011 年吴静入职周斌的公司，独自在异乡奋斗的她特别想在繁华的都市里早日扎根。她的工作能力一般，但和同事，尤其是男同事的关系不错。有一次，她和周斌一起出差。这一趟工作很顺利，客户签完合同后，热情地招待了他们。不胜酒力的周斌喝多了，吴静就留在房间里照顾他，第二天早上醒来，发现躺在身边的吴静，周斌不知该如何处理。醒来的吴静红着脸说自己平时就很仰慕周总，提出想做他的秘书的请求，希望能学到更多的东西。

面对吴静这样的要求，周斌不好拒绝。回来后，以吴静工作出色为由，给了她一大笔奖金，以表自己的愧疚之意。

可是事情并没有就这样过去，相安无事了一个月之后，吴静找到周斌，说她怀孕了，她对周总是真心爱慕，希望给孩子完整的家。不等她说完，周斌打断她，说："我是不会离婚的！这孩子不能要，我给你放两个月假，再加十万奖金。"

吴静默默转身离开了办公室，周斌以为自己坚决的表态足以震慑她。但吴静怎会轻易放弃？她正想借此机会完成人生的重大飞跃。晚上回家，周斌发现妻子赵青正黑着脸等他。

原来，下午吴静拿着化验单去找赵青了，她说她与周斌真心相爱，恳求赵青成全。性格高傲的赵青无法接受同甘共苦十余年的丈夫竟然背叛自己、还与别人有了孩子的现实。任凭周斌如何解释、道歉，眼里不容沙子的赵青决定离婚，她说："你既然已经辜负了我，就别再辜负对你一往情深的吴静，不然我更看不起你了。"

周斌焦头烂额，快速发展的公司正和投资人洽谈融资，他的婚姻是否稳定，直接影响投资的安全性，这是投资人考量的重要因素之一。周斌无法在短时间内既获得妻子的谅解，又安抚好吴静，索性同意与赵青协议离婚。对于投资人而言，婚姻状况清晰总比不稳定要好。

得知周斌离婚，吴静看到了曙光，她要乘胜追击。马上让周斌和她结婚是不可能的，可这难不倒她。婚姻登记处的李主任是她妈妈的同学，她借口准备资料，拿了一套空白的结婚登记申请表，到周斌办公室，逼他签字。周斌说："你这不是胡闹吗？"可吴静半是撒娇半是威胁地说："今天下午就要举行公司融资路演盛会了，我如果把这化验单也披露了，投资人会怎么考虑呢？"

这戳到了周斌的痛处，但久经商场的他也不是那么容易被威胁的，他严厉地盯着吴静说："你知道下午的会有多重要，任何破坏它的人都要想清楚后果！"他的眼神让吴静有些紧张，经过谈判，他们各退一步，周斌在结婚申请表上签了字，吴静去医院做了流产。

之后，周斌也带吴静参加过不少活动，和大家介绍这是他女朋友，但是周斌总是以各种理由推脱结婚，甚至他们结婚登记照都拍了，但是登记之事遥遥无期。吴静怎么办呢？

这天，吴静直接拿出两本结婚证甩给周斌，周斌很吃惊，说："这是假证吧？"吴静得意地说："怎么可能？盖着民政局的大红戳儿呢！"原来上周，为了融资审核，周斌提供了他的身份证、户口本，吴静突然发现，加上手里那张已经签字的结婚登记表和照好的登记照片，结婚登记的材料不是齐全了吗？她找到婚姻登记处的李主任说，今日是他们挑好的日子，可是周斌在国外出差，证件都齐全，就是新郎本人没到场，求李阿姨给通融通融。于是，吴静就这样把结婚证给办了。周斌还提出疑问："可是那申请表是几个月前签的呀？"吴静白了他一眼说："改个时间不就行了吗？还不许有笔误啊？"所以这就是登记材料时间有涂改的原因。

看着结婚证，周斌一时不知如何是好。他只能对吴静说："先别告诉别人，等我们举行婚礼时再公开。"之后，周斌也试着和吴静相处，但是他还是不能接受与吴静共同生活。

终于有一天，周斌非常严肃地和吴静做了一次交谈，他诚恳地说："首先我为我酒后的行为向你道歉，但是作为成年人，我们都该为自己的未来负责。不协调的婚姻里两个人都不会幸福，我们彼此耽误不如彼此祝福，对不对？"一看周斌又和她谈分手，吴静还想采取以往不理不睬的态度，但接着周斌拿出了两份文件，一份是离婚协议书，一份是离婚起诉状。他说，如果和平分手，他将把目前能调动的全部现金三百万元，一次性补偿给吴静。如果吴静不同意协议离婚，他只能委托律师，起诉离婚。他还补充一句："你知道的，我们登记的时间这么短，真的没有什么共同财产可以分，说不定还有不少公司负债。"

看着这两份离婚文件，吴静明白周斌主意已定。强扭的瓜不甜，加上有马上兑现的三百万元，吴静配合地办理了离婚手续。拿到钱吴静就从公司辞了职，又全款买了套房子。本以为她从此和周斌再无瓜葛，没想到，一年后，传来周斌突然病逝的消息。吴静震惊之余深感惋惜，自己如果不那么爽快地离婚，拖到现在，自己作为他的合法妻子，可以继承非常可观的财产！想到这儿她后悔不迭，她多想手里的离婚证变回原来的结婚证。突然她想到，反正她和周斌的事，别人都不知道，她只说结婚，不说离婚，不就得了。至于结婚证就说丢了，她去民政局开一份结婚登记时间的证明就好了！想到这儿，她开始窃喜，想象着自己可以拥有数千万元的资产，甚至还可以操控周斌的公司，这太有诱惑力了。

几经波折，眼看她要大获全胜时，半路杀出周斌的前妻赵青，吴静只继承了很小一部分财产。她想把手里这点股权用到极致，挤走老爷子，但她低估了老爷子的敏锐与坚韧，在他坚持不懈地追查下，终于真相大白。虽然她与周斌结婚登记是真的，但他们在周斌去世前一年已经离婚，所以吴静没有继承的资格。

吴静天真地认为，如果官司败诉大不了就是把自己继承的财产退回去。但是法律岂是儿戏，周世恒坚持认为吴静的行为是诉讼诈骗，应当追究刑事责任。果然，法院对这个案件进行改判，确认吴静没有继承资格，她取得的全部遗产应当执行回转。之后，案件材料被移送公安机关，吴静的诉讼诈骗行为被立案侦查，这样的后果是吴静意料之外的。

律师说法>>>

欺诈型虚假诉讼，是指行为人虚构民事法律关系和案件事实，提供虚假证据，将被害人作为被告骗取法院裁判文书，以合法形式从被告处获取本属被告权益的行为。欺诈型虚假诉讼不仅损害了被害人的利益，也破坏了社会经济秩序，严重扰乱国家审判活动，损害司法的威严。

在我国刑法中，关于在民商事诉讼的欺诈行为可能涉及的罪名有妨害作证罪、帮助毁灭、伪造证据罪等，但以前没有专设诉讼诈骗的罪名，实践中多以诈骗罪对行为人定罪处罚。但欺诈型虚假诉讼与诈骗罪还是存在差异的，欺诈型虚假诉讼除了欺诈另一方当事人外，还欺骗法院。因此，对于该行为的定性问题一直存在争议，直到2015年《中华人民共和国刑法修正案（九）》颁布，设立了虚假诉讼罪，才消除了争议。

最后，法院认定，吴静的行为构成虚假诉讼罪，鉴于其到案后，认罪态度较好，没有前科，且全部赃款赃物已追回，从轻判决有期徒刑三年，缓刑五年，并处罚金十万元。

经查证，婚姻登记处的李主任，对于吴静凭借假证明谋取钱财一事并不知情，不构成虚假诉讼罪共犯，但因她疏于职守，并造成不良后果，民政局对她作出免职的行政处分，并对相关工作人员予以行政惩戒。

律师点评>>>

英国著名诗人拜伦有句名言："谁把法律当儿戏，谁就必然亡于法律。"

对法律缺乏敬畏之心的人，终将走入歧途。本案中吴静妄图通过虚假诉讼谋求非法利益的行为，是对法律尊严的亵渎。如今，吴静追悔莫及，因为贪婪，她自作聪明妄图欺骗周斌家人、欺骗法院，到头来面临的是法律的严惩。

近年来，在民商事审判领域中，虚假诉讼情形有所增长，种种恶意诉讼和伪造证据、虚假陈述、作伪证等违法诉讼活动，不仅侵害了相关人的权益，也给法院制造了诉讼压力，损害了正常的诉讼秩序。

为打击虚假诉讼的行为，从妨碍民事诉讼强制措施，到民事赔偿，再到刑事制裁，我国已构建多方位的制裁体系。2015年11月1日起施行的《中华人民共和国刑法修正案（九）》中增设了虚假诉讼罪，消除了之前对此类行为刑事定性问题的争议，对该罪名在具体适用方面的若干问题作出了明确规定。只有严格处罚一切破坏诉讼秩序的行为，才会有效遏制诉讼违法活动，彰显诉讼的严肃性，树立法律与法院的权威与尊严。

谁骗了谁

关键词　限制高消费令

这天，保姆余砾正为雇主家准备午饭，突然接到法院的电话让她领传票，自己一个保姆，一向安分守己，怎么会惹上官司呢？她忐忑地拿到诉讼材料后一看，是一个叫赵波的人要求余砾偿还 20 万元。可余砾并不认识赵波呀？仔细看过诉状，余砾想起来了，三个月前，她替前雇主吴琴在借款合同上签字做担保人，难道是那次签字惹下的祸端？

余砾出生在西北贫困地区，从小酷爱读书但家境贫寒。她本名叫余丽，是一名痴迷文学的乡村教师，给余砾种下了热爱阅读的种子。上初中时，她给自己改名叫余砾，沙砾的砾，她觉得自己就像一粒沙、一颗小石子那么渺小，她特别想通过读书，改变自己的命运和生活。但现实是沉重的，好不容易读到初中毕业，尽管余砾成绩优秀，也不得不辍学外出打工。她端过盘子，做过女工。结婚之后，随丈夫到大城市打工，无论生活多么艰苦，她都保持爱读书的习惯。聪慧好学的她，经过培训在北京当保姆，踏实、贴心的她深得雇主认可。去年，因为雇主出国而提前终止了和她的合同，她换了一家工作，给一位叫吴琴的单身妈妈当育儿嫂。

吴琴独自带个不足周岁的孩子。余砾选择到她家做保姆，一是觉得吴琴是单身妈妈更需要帮手，二是她给的工资不低，试用期每月四千元，但转正后翻倍每月八千元。余砾到岗后，不仅照顾孩子，还把吴琴的生活料理得井井有条，两人相处还不错。

转眼两个月了，从吴琴的吃穿用度来看，她的生活开支不少，不知她的钱都从哪里来的，吴琴也从未提过孩子的爸爸，余砾也不好多问。

这天中午，余砾刚把孩子哄睡，吴琴突然火急火燎地回来了。她拿出一份借款合同，催促道："余姐，快帮我签个字吧，快来不及了，快！快！"

余砾被她催得晕头转向，这是什么呀？问了半天她才搞明白，吴琴说："有个朋友介绍了个内部购房的机会，价格是市场价的一半，但必须今天交二十万元首付款，我手头现金不够。找朋友赵波借钱周转一下，等下个月我的理财到期就还给他。这不，赵波给了这份借款合同，还要有个担保人。你帮我签了吧，下午我先去赵波那里拿钱，把首付款交了，去晚了房子抢没了。"吴琴一边说着，一边在家里团团转，找到笔，连同借款合同一起递给余砾。

余砾很为难，她的手在衣服上擦来擦去，迟疑着不敢去接这合同，这做担保……

吴琴一愣，余砾的犹豫仿佛刺伤了她的自尊心，她说："你怀疑我？你看我住的这房子，是最高档的小区，我会还不上这区区二十万？你下个月开始工资就要八千，你还在试用期呢……"

最近余砾的经济压力不小，她丈夫前不久因为工伤回家养病，工伤赔偿程序很漫长，她的收入是全家唯一的经济来源，为了保住这份工作，余砾忙接过话茬，说："刚炖好银耳汤，你先喝一碗，休息一下。我一会儿给你签。"说完，盛好汤，余砾拿起合同回房间了。

喝完汤，吴琴歪在沙发上，打了个盹儿。等她醒来，余砾把合同递给她，吴琴接过一看，合同上已经签好名字，只是反面还写着四行字，像是一首诗："惜可情当失，字形近来拈。起即祸逼急，戏儿非命签。"吴琴念了一遍，不知道什么意思，余砾解释说："我好久不写字了，怕写不好，就在背面随便抄了一小段报纸，练练字。"

吴琴瞪眼说："真是没文化，这合同能随便用来练字玩吗？还好是背面，算了吧！"说完，拿起合同，踩着高跟鞋噔噔地出门了。

日子又回归往常，一个月后，余砾该转正了。可是这天，吴琴毫无征兆地说，她要去外地工作了，让余砾收拾一下，明天就离开吧。这让余砾措手不及，眼看试用期满，突然被辞退，余砾有种被耍的感觉。但是她也不愿意和吴琴计较，等她档期的雇主都在中介那里排队呢。

余砾很快又换了一家，女雇主张姐温和宽厚，有个6个月大的宝宝，宝宝是夫妇俩刚生的二胎。余砾很快又得到新雇主一家的认可，她也已经淡忘了上一任雇主吴琴了。可是没想到，今天却意外收到法院的传票，原告要她替吴琴偿还借款20万元。这可不是个小数目啊！而且余砾并没有拿一分钱，要她还钱，多冤啊！但是没办法，人家告你了，有什么冤得跟法官说啊。

法庭上，法官核对了到庭人员的身份，原告赵波和被告二余砾都来了，可是被告一、借款人吴琴却没有到庭。

赵波说，吴琴当时说要买房急需周转，向他借款20万元，约定一个月后归还，月息2%。可是借款到期之后，却联系不上了。无奈，他只好到法院起诉，要求吴琴连本带息还钱，余砾是吴琴的担保人，所以要求她承担连带担保责任，替吴琴还钱。赵波向法庭出示了借款合同以及他给吴琴的银行转账记录。

这时余砾不慌不忙地跟法官说："赵波不该告我啊。我叫余砾，那借款合同上担保人写的是佘烁。"赵波顿时慌了神，语无伦次。怎么会这样？

法官拿过合同，仔细核对，余砾说得没错，借款合同上签的是"佘烁"。法官问赵波："原告，当时你看过签名吗？你难道连多余的'余'和佘太君的'佘'也分不清吗？石字旁的砾和火字旁的烁，你也没看清吗？"赵波此时傻了眼，他万万没想到，对面被告席上的保姆，竟耍这样的花招来愚弄人。他气急败坏地指着余砾说："你签假名字，你和吴琴合伙骗我的钱！你不还钱就让你坐牢！你这个骗子！你不会有好下场的……"法官猛敲法槌，警告他注意措辞。

谁骗了谁

法官询问余砾："这借款合同上的签名是不是你签的？如果是，你又是出于什么动机签了假名字？"余砾诚恳地说："是我签的，我的动机都写在合同的反面，读了它就会明白我是迫不得已。"法官疑惑地翻过合同一看，当庭读了上面写着的顺口溜，可是这根本语句不通、不知所云。余砾提示法官说："这是回文诗，得倒着读，读成'签名非儿戏，急逼祸即起。拈来近形字，失当情可惜'。"这么一读，尽管上下句的意思并不十分连贯，但能清楚地知道，余砾想表达的是假名字是在被迫无奈的情况下签的。她继续跟法官解释说："我到吴琴家当保姆才两个月，对她的人品还不太清楚。我是我家唯一的经济支柱，她以解雇作要挟逼我签字，简直是要我的命，所以'签名'等于'签命'，也就是这样，出于无奈，我把余砾签成了余烁。这样做确实有点不太好，恳请法官能谅解。"

法官听完，不禁暗暗赞叹。赵波急了，说："即便是假名字，也是余砾签的。难道签假名字就不用承担法律责任了吗？"

为了慎重起见，法官没有轻易作出判决，法官告诉余砾，希望能找到吴琴，以便查明背后的真相。

的确，如果以逃避法律责任为目的，故意签个假名字，或者找个人假冒自己的签名，是不能随意免除法律责任的，情节严重的还会构成合同诈骗罪，要承担刑事责任。

上哪儿找吴琴啊？忐忑的余砾回来后，和现任雇主张姐讲述了整个经过，张姐深表同情，推荐了自己的律师同学帮助她。

律师分析之后，提出一个逻辑问题，他说："你不觉得很蹊跷吗？赵波说他找不到吴琴，和你也素未谋面，今天之前他都不知你签了个假名字，那他为什么不告合同上写的'余烁'，而来告你余砾？他怎么能在诉状中准确地写出余砾的姓名、身份证号和联系电话？这些信息是从哪里获得的？难道他不应该向法庭解释清楚吗？"

律师的问题切中要害，回想当时吴琴突然辞退自己，余砾更加坚定她内心的猜测，吴琴和赵波可能是串通的！但如何证明他们是串通的？她去过吴琴的家，那里早已人去楼空，上哪儿去找她呢？

这天，余砾陪雇主张姐抱着她6个月大的孩子去打预防针，突然，她想起之前也带吴琴的孩子打过预防针。疫苗应当按时接种，吴琴带孩子离开，应该在社区卫生院办理疫苗接种登记的转移手续，这样不是就能知道吴琴新的地址了吗？

细心的余砾在社区卫生院真的查询到了吴琴的新地址，她根本没去外地。余砾激动地把地址提供给法官，按照这个地址果然有效地送达了案件材料。法官再次安排开庭，吴琴会出现吗？赵波见到吴琴，会是什么反应？

余砾满心期待第二次开庭，但是开庭前一天她却收到法院的通知，赵波提交了撤诉申请！余砾很失望，她多希望能当庭把事情的原委问清楚，怎么吴琴找到了，赵波反而撤诉了？余砾着急地说："法官，我能不同意他撤诉吗？我就想找他们问个明白。"

提起诉讼和撤回诉讼不都是民事主体的自主权利吗？余砾的请求能得到法官的支持吗？她的要求真的得到了法院的支持！

法条链接>>>

《中华人民共和国民事诉讼法》

第一百四十五条　宣判前，原告申请撤诉的，是否准许，由人民法院裁定。

人民法院裁定不准许撤诉的，原告经传票传唤，无正当理由拒不到庭的，可以缺席判决。

《最高人民法院关于适用〈中华人民共和国民事诉讼法〉若干问题的意见》

161、当事人申请撤诉或者依法可以按撤诉处理的案件，如果当事人有违反法律的行为需要依法处理的，人民法院可以不准撤诉或者不按撤诉处理。

谁骗了谁

律师说法>>>

在民事一审程序中，从人民法院立案起至宣告判决前的任何阶段，当事人都有权用书面或者口头方式申请撤回起诉或者反诉。申请提出后，是否准许撤诉，则由人民法院决定。对于因规避法律而撤诉，或者撤诉可能损害国家、集体或者他人利益的，人民法院有权不予批准。

按照本案情况，被告吴琴的出现是有利于原告赵波的，但是赵波反而提出撤诉，这有违常理。而且不让吴琴出来说清楚事情的原委，会损害余砾的权益，所以余砾有理由反对撤诉。因此法院可以采纳余砾的意见，驳回赵波的撤诉申请。

法院很快又重新安排了开庭时间，要求赵波和吴琴必须按时出庭。

余砾焦急地盼着开庭，可这一次又出了变故，法官又通知她无法开庭了，这又是为什么啊？原来吴琴去公安局举报赵波，说他是个骗子！骗她的感情，骗她的钱！法官已将这起民事案件移送给公安机关，一并侦查。

这到底是怎么回事啊？余砾彻底想不明白了。直到警察找余砾了解情况时，她才知道事情的来龙去脉。

吴琴原本是一名导游，东奔西跑地带团很辛苦，她特别想过舒适又富足的日子。工作中她认识了一位已婚富商，做了他的情人，租住在高档小区里。吴琴很开心。没多久她怀孕了，富商很高兴，许诺马上就给吴琴母子买房，还规划了孩子优渥的一生。吴琴正憧憬着今后锦衣玉食的生活时，没想到孩子还没出生，富商因行贿而入狱，吴琴就断了生活来源。

吴琴开始为生计发愁，她已经不愿意踏踏实实上班赚钱养家糊口，可是靠着富商给她的存款，只能坐吃山空，怎么样才能轻松挣钱呢？正在发愁的时候，她看到以前自己带过的游客赵波时不时在朋友圈里发布高息理财的信息。她很感兴趣，和赵波的联系越来越多。

赵波说的投资其实就是放高利贷。刚开始吴琴把自己仅剩的几十万元存款，让赵波放贷出去，眼巴巴地希望每月按时来领利息。赵波很不屑地说："你就指着这本钱过日子啊？随着通货膨胀，要不了多久，这点钱生的利息就不够塞牙缝了。"赵波的话，说到吴琴心坎儿里去了，她的确为将来的生活发愁。

赵波拿身边认识的人举例子告诉吴琴，那些老实上班领工资的人都过得苦哈哈的，反而是懂得资本运作、借鸡生蛋的人才能发大财。吴琴听了赵波的话，如醍醐灌顶，她对赵波很佩服，相见恨晚。频繁联系后，他们很快发展为情侣关系，两人成天一起谋划怎样才能借来更多钱。

在赵波的怂恿下，吴琴竟向亲朋好友借了近百万元，交给赵波去放贷。计算着飞速增长的高息回报，吴琴心里美滋滋的。可是好景不长，没两个月，赵波就告诉她向他们借钱的人跑路了，她的钱收不回来了。

吴琴傻眼了，这些钱也是她借来的，本来想赚个利息差，现在连本钱都回不来，吴琴一筹莫展，感叹自己还不如家里的保姆余砾有钱呢，她老公家拆迁还有几十万元呢，难道自己还要去向保姆借钱不成。赵波说："你还真是土豪，认识那么多有钱人，连保姆都这么有钱。可是借你能借多少啊，我教你个办法让你的朋友们能拿出钱来。"

吴琴不禁取笑赵波："你怎么那么多鬼主意啊？"但是她又急切地想知道他到底有什么主意。

按照赵波的主意，两人签订了两份虚假的借款合同，让吴琴分别找余砾及另一个朋友签字做担保。之后吴琴消失，再由赵波起诉吴琴和担保人，让余砾他们承担连带担保责任，这样拿了她们的钱先用着，等将来有钱了，吴琴再出现，把本金还给她们就是了。赵波还得意地说："这是没有成本的融资啊。"

做戏要做足，他们骗得余砾和另一个朋友分别在两份借款合同上签完字后，赵波还用自己的银行卡给吴琴的银行卡转账20万元。两个月后，拿着转账记录和借款合同，赵波分别到两个法院去立案了。另一个案子，赵波顺利地拿了胜诉判决书，担保人当然也觉得很冤，没有主动还款给赵波，赵波就到法院申请强制执行，以吴琴与担保人为被执行人，在吴琴找不到的情况下，通过强制执行，赵波已经拿到担保人的执行案款本金 20 万元，利息还在执行中。

可是余砾这个案件就没那么顺利了，赵波和吴琴都没想到，余砾居然签了个假名字，还通过孩子疫苗接种转移记录找到了吴琴的新地址，得到了吴琴的新联系方式。余砾这么难缠，赵波和吴琴想撤诉，但是没想到余砾不依不饶非要弄清真相，撤诉申请被法院驳回，两人开始互相埋怨。

可是接下来发生的事更让吴琴傻眼了，她发现自己订不了飞机票了，原来，因为那起已经进入执行程序的案件，吴琴是被执行人，她被列入法院执行系统里的失信被执行人名单，被限制各种高消费及非生活经营必需的消费。

法条链接>>>

《最高人民法院关于限制被执行人高消费及有关消费的若干规定》

第三条　被执行人为自然人的，被采取限制消费措施后，不得有以下高消费及非生活和工作必需的消费行为：

（一）乘坐交通工具时，选择飞机、列车软卧、轮船二等以上舱位；

（二）在星级以上宾馆、酒店、夜总会、高尔夫球场等场所进行高消费；

（三）购买不动产或者新建、扩建、高档装修房屋；

（四）租赁高档写字楼、宾馆、公寓等场所办公；

（五）购买非经营必需车辆；

（六）旅游、度假；

（七）子女就读高收费私立学校；

（八）支付高额保费购买保险理财产品；

（九）乘坐 G 字头动车组列车全部座位、其他动车组列车一等以上座位等其他非生活和工作必需的消费行为。

被执行人为单位的，被采取限制消费措施后，被执行人及其法定代表人、主要负责人、影响债务履行的直接责任人员、实际控制人不得实施前款规定的行为。因私消费以个人财产实施前款规定行为的，可以向执行法院提出申请。执行法院审查属实的，应予准许。

　　长期以来，执行难是人民法院面临的一大窘境，也是人民群众反映强烈的问题之一。我国目前尚未建立完善的诚信体系，部分被执行人一方面不履行生效法律文书所确定的义务，另一方面又肆意进行各种高消费。这既损害了债权人的合法权益，也是对司法的权威性和严肃性的挑战。

　　2015年最高人民法院颁布的《最高人民法院关于限制被执行人高消费的若干规定》，通过限制被执行人的高消费行为，最终让其主动履行义务。实施以来，卓有成效。最大限度地保护了申请执行人的合法权益，也有效维护了司法的威严。

　　因为在另一案件中，吴琴和担保人都是案件的被执行人，虽然担保人被强制执行了还款，但是没有消除吴琴老赖的身份，因此她被列为失信被执行人，限制各种高消费。而这个限制对于身为导游的吴琴来说，简直是砸了她的饭碗啊。

　　她对赵波大发脾气，骂他自作聪明，她要赵波赶紧把那20万元拿出来，她交到法院去，好解除她的限制措施。赵波却说钱没了。钱去哪儿了？赵波支支吾吾半天说不出来，吴琴不依不饶地追问后，她才知道，原来赵波在老家早就有妻有子，他把那20万元给了妻子在老家买了房。

　　这下吴琴急了，赵波骗自己是单身啊，她觉得自己既被欺骗了感情，又被骗了钱财，还欠了一堆债！这个赵波左一个主意，右一个主意，把她的钱榨干了，好处都让他一个人拿走了！想来想去，吴琴气疯了，她跑到公安局去举报赵波非法吸储放贷。

　　吴琴本来是想吓唬吓唬赵波的，但是刑事犯罪是公诉案件，不是想撤回就能撤回的。经过公安机关的侦查，查证赵波的行为侵害金融管理秩序，涉嫌非法吸收公众存款罪。他和吴琴共同炮制的两起借款纠纷案件则涉嫌虚假诉讼罪，其中一起骗得赃款20万元，涉及余砾的这一起属于犯罪未遂。而举报人吴琴也是虚假诉讼罪的共犯，也应被追究刑事责任，这是吴琴始料未及的，她哭着说："我也是受害者啊。"

最终，法院作出判决，赵波因非法吸收公众存款罪、虚假诉讼罪，数罪并罚，判处有期徒刑8年。吴琴犯虚假诉讼罪，但她检举赵波非法吸收公众存款的犯罪行为应认定为立功，可以减轻处罚最后被判有期徒刑3年，缓刑5年。

两个做着发财梦的人，终于在严肃的法律面前清醒，天底下没有不劳而获的事。因缓刑而重获自由的吴琴，决心靠自己的工作谋取生计，抚育孩子。

律师点评>>>

2016年，最高人民检察院曾发文称，民间贷款纠纷案件是虚假诉讼的重灾区。案件办理过程中，需要审查当事人之间的关系、借贷金额、出借人的支付能力、交易细节等，以确定借贷的真实性，防止当事人之间恶意串通，损害国家、集体或他人的合法权益。

在本案的审理过程中，余砾的回文诗、吴琴的缺席，都引起了承办法官的重视。法官着重对案件进行审查，通过追问赵波和担保人余砾之间合同订立的细节等，对合同订立和诉讼的合理性提出质疑，最终揭穿了赵波、吴琴的骗局，并追究了他们的法律责任。

所有案件的经办人员都知道余砾的回文诗，都夸她的聪明、坚韧，余砾都不好意思了。她说，她铭记当年乡村老师的话，无论生活如何艰难，学习一定会为生活增加色彩。她还感叹，今后还要多学习法律常识，而且签名要慎重。因为签字就代表一个人对责任的承诺，按照法律规定，签字就代表你对所签内容的认可，所以签字前一定要确认所签文件的内容是否是你的真实意思。尤其千万不要轻易替人签名担保，别太顾及面子而不好意思拒绝，稍有不慎就会给自己带来不必要的麻烦和损失！

许老汉的桃花运

关键词 立功

这天，退休在家的许荣成的电话响了，是女网友秦晓丹打来的，他兴奋地接通电话，但秦晓丹却向他哭诉，瑶瑶带人到她家来闹事，把她和她妈都打了。许老汉脑袋立刻就大了。接着，一个凶神恶煞的男人把电话抢过去，吼道："老头儿，你居然欺负我老婆，我一定要让你付出血的代价！她和她妈因为你被人打成这样，反正我现在也没钱救，死了残了，都是你造成的，我要报警，要你坐牢！"

听说要报警，许老汉更是吓瘫了，他忙不迭地说："你冷静啊！现在救人要紧啊！赶紧把她们送医院，钱不够，我来付！"随后这个男人叫他立刻转10万元钱过去，许老汉连连允诺，保证立刻照办。

这是怎么回事啊？为什么许老汉如此害怕呢？我们还得从头说起。

半年前，许荣成退休了，在北京胡同里生活多年的老许喜欢听评书、写毛笔字、刻印章。在国企兢兢业业工作四十年，他每天都盼着过上清闲自在的退休生活。可真退休之后，老许又不自在了，突然闲下来，时间多得无法打发。

老伴儿两年前因病去世了，每天早上孩子们都上班去了，老许一人在家连个说话的人都没有。晚上好不容易盼着孩子们回家了，可是他们都抱着手机、守着电脑，许老汉也只好左一个频道右一个频道切换电视节目，来回看的都是广告。

这日子太无趣了，许老汉就纳闷，这手机和电脑怎么有那么大魅力，小儿子连上厕所都得带着手机。他数落孩子："哪来这么大瘾啊？"孩子淘气地学着广告说："爸，您不懂！这叫胸怀天下，运筹帷幄。"

许老汉被小儿子说得挺不服气的，他也好奇，手机和电脑究竟有什么样的魅力。他开始跟孩子套近乎，没两天，他就学会了用网络社交软件，常把自己的书法、印石作品拍照发到网上，结识了不少有共同爱好的网友，从此他的退休生活变得充实而快乐。直到有一天，他随手加了一个叫"阳光女孩"的女网友，这是他噩梦的开端。

这位女网友自称是全职妈妈，丈夫是海员，常年在外，她在家照顾不到3岁的孩子，平时爱上网聊天。她看到许老汉在网上晒的书法、印石，对他很崇拜。

共同话题瞬间拉近了两人的距离。从那以后，许荣成每天都要和这位能给他带来阳光般温暖的女网友聊天。儿媳提醒说："要小心哦！说不准人家就开始向你推销东西了。"许老汉不屑地说："那些什么推销的、卖药的、变着花样问你借钱的，绝对是骗子，我才不会上当呢！"就这样，孩子们仍然各自忙碌，许荣成每天开心地上网，他每天最开心的就是和"阳光女孩"聊天。

突然一连两天，"阳光女孩"都没有上线。许荣成不免担心了，心想："她不会是出了什么意外吧？"这两天许荣成魂不守舍。第三天，"阳光女孩"终于上线了，许荣成迫不及待地问她："这几天干吗去了？"

"阳光女孩"告诉他，自己的信用卡到期，需要还款还差2000元，她借钱去了。

此话刚出，许荣成立刻斥责她："你这个骗子！收起这些小伎俩吧，我才不会上当呢！我绝不会借钱给你的！"

"阳光女孩"愤怒地回复："你太侮辱人了！我什么时候跟你借钱了？明明是你问我，我才说的呀。自己内心阴暗，才会这样去想别人！你这种人不配做我的朋友！"说完，她迅速下线了。

许老汉的桃花运

113

这下许荣成倒不知所措了。仔细一想，他也觉得错怪了人家，她并没有向自己借钱啊，都怪自己太敏感，警惕性太高。他十分懊恼，赶紧向她道歉，可是"阳光女孩"一句都不回复。

一整天，许荣成食不知味、唉声叹气，他越想越内疚。晚上他辗转反侧，怎么都睡不着，索性起床，不停地给"阳光女孩"留言，一下子发了几十条信息，直到后半夜，才迷迷糊糊睡着了。

第二天一早，他一睁眼，看见没有关的电脑屏幕上，"阳光女孩"的头像在闪烁，他赶紧一个翻身起来，扑到电脑前。

"阳光女孩"说，看到老许半夜那么多留言，她气也消了。他的质疑也没错，毕竟网友之间的确不够了解。为了证明自己的清白与坦荡，她约老许见面详谈。

这天，许荣成见到了现实中的"阳光女孩"。女网友说她叫秦晓丹，她既年轻又温柔，许老汉被深深吸引，主动邀请她共进午餐。

见面后他们聊得比在网上更欢畅，这顿饭一直吃到服务员要下班了。可是，秦晓丹只字未提她信用卡还款的事情。最后，许荣成憋不住了，他主动问："你那信用卡还完了吗？"秦晓丹一撇嘴说："不用你管，省得你再怀疑我。"

为了证明对她的信任，许荣成主动掏出 2000 元，递给她。秦晓丹再三推脱之后收下了，她表示一定尽早归还，还执意写下了欠条。

见面之后，许荣成的心全部被秦晓丹占据了，二人间的交流更密切，除了网上聊天，许荣成多次约秦晓丹出来吃饭、聊天。趁着孩子被奶奶带出去玩，秦晓丹还在出租屋里亲自下厨款待过许荣成。老许感叹自己十分有幸，结识如此兴趣相投的忘年交。

这天，秦晓丹着急地打来电话说，孩子流鼻血止不住，她不知该怎么办。许荣成说："赶紧去医院啊，还等什么！"电话那头秦晓丹说："我老公的工资卡出问题了，要挂失，还要他的船员公司去重新办新卡，这几个月都取不到钱，生活费都是东挪西凑的，去医院，怕手里的钱不够。"许老汉说：

"孩子的病不能耽误啊！"他叫秦晓丹别急，他一会儿就到。

许荣成打车赶到秦晓丹家，看到一脸无助的秦晓丹和鼻子塞着棉球的孩子。见此情形，许荣成二话没说拿出准备好的4000元塞给了秦晓丹。秦晓丹万分感动，千恩万谢地表示，一定会回报他的。说完抱起孩子去了医院。

接下来几天都没有秦晓丹的音信，许荣成想，秦晓丹肯定是在照顾生病的孩子，他就在网上留下关切的询问，静候她的回复。

果然，一周后，秦晓丹约许荣成到自己家，许荣成再次来到她的出租屋，发现就秦晓丹一个人在家。她说孩子明天就可以出院了，婆婆在医院陪着。医生说幸亏送医及时，不然病情可能会更严重，为此她真要感谢许大哥，可也无以为谢，说着说着两颊绯红，她竟要对许大哥以身相许。许荣成十分意外，又不禁暗自欣喜，半推半就地接受了她的感谢。从此以后许荣成对秦晓丹更是言听计从，两人从忘年交发展成了忘年恋。感情的滋润让许老汉精神抖擞，走路都哼着小曲儿，大家都说退休后他越来越年轻了。

转眼一个月过去了，许荣成又跟孩子出去旅游了十几天，回来后正兴奋地想见秦晓丹，却接到她无比悲伤的电话，她说要跟许荣成做最后道别。

许荣成急了，发生了什么事呀？他安抚秦晓丹说先别着急，他立刻去她家。秦晓丹叫他千万别来。她说："孩子死了，婆婆也死了，现在家里乱哄哄的，邻居们都在呢。"这个噩耗把许老汉吓了一跳，他追问："怎么会这样？！"

秦晓丹哭着说，孩子前几天又发烧了，她觉得小孩发烧很常见，许大哥没在，也怕花钱，就没去医院，烧了一周，越来越严重，前天半夜送到医院，医生说孩子得了急性白血病，送得太晚了，昨晚孩子不治身亡了，今天早上婆婆因为孙子的夭折突发心脏病去世了。怎么这么惨啊！痛不欲生的秦晓丹哭诉，她多后悔啊！还是没钱耽误了孩子啊！丈夫回来她该怎么向他交代啊？现在拖欠的医疗费，还有两人的安葬费要好几万元啊，她哪里拿得出来！如今她已经生无可恋，要追随孩子而去，但要跟好心的许大哥告个别，自己之前欠他的钱，只能等她丈夫回来再还给他了。

秦晓丹的遭遇着实让许荣成心痛，一听到她有轻生的念头，许老汉又急又痛："你傻不傻啊？哪能为这点钱把自己逼死呢？人死不能复生，你别太自责了！我有 8 万元的定期存款，你先拿去用，好好安顿孩子和老人。"就这样许荣成给秦晓丹转了 8 万元。

之后半个多月两人没有联系，许荣成想，处理孩子和老人的身后事应该很繁琐，还要招待前来吊唁的亲戚朋友，秦晓丹还说她丈夫也请假回来了。所以许荣成很识趣地没有和秦晓丹联系。

许荣成觉得自己退休后桃花运特别旺。就在秦晓丹处理家事的空档期，他又在网上认识了一位叫瑶瑶的女孩。她和秦晓丹一样，都很佩服许荣成，老许晒到网上的每一张书法照片，她都会认真评论、迅速点赞。瑶瑶说，许荣成更像一个博古通今的传奇人物，让她佩服得五体投地。

但瑶瑶和秦晓丹是不同风格的女子，秦晓丹成熟温婉，瑶瑶率真霸道。秦晓丹让许荣成觉得如沐春风，瑶瑶却是热情如火。瑶瑶多次说她就喜欢许大叔这样有深度的男人，身边那些毛头小伙太肤浅。从瑶瑶那热情直率的话语里，许荣成知道她对自己的崇拜之情已逐渐转变为爱慕之意。如今的许荣成对自己的魅力很有自信，虽然没见过面，他也乐意接受瑶瑶这热情的仰慕。

可时间不长，许荣成对瑶瑶的感觉有了微妙的变化。这瑶瑶太任性了，聊天中，瑶瑶有意无意地透露，如果男友没有对自己一心一意，她就要拼个鱼死网破。她这火爆脾气让许荣成隐隐担心，甚至感到一丝畏惧，唯恐不小心招惹了瑶瑶，惹出祸端。所以许荣成倍加小心，想慢慢疏远瑶瑶。说不定这个像暴风一样热烈的女孩，很快就会又看上别人，很快就会将自己淡忘。

但怕什么来什么，许荣成最担心的事情还是发生了。这天，许荣成接到秦晓丹惊慌失措的电话，她说一个叫瑶瑶的女孩，带着两个人到她家找茬，把她和她的母亲砍伤之后，扬长而去。

许荣成一听头就炸了，瑶瑶怎么会跑去找秦晓丹的麻烦呢？秦晓丹说，在许荣成的帖子里她们能看到各自给老许的留言。前两天，瑶瑶申请加自己为好友，秦晓丹没想那么多就通过了。在瑶瑶的诱导下，秦晓丹承认了她和许荣成的感情，之后瑶瑶对她开始辱骂恐吓，秦晓丹也不甘示弱地回敬了几句。没想到，瑶瑶居然带了两个人找上门来，把自己和母亲打伤后跑了。

更令许荣成害怕的是，秦晓丹的丈夫宋超回家处理丧事，瑶瑶上门闹事令他生疑，追问后，他知道了秦晓丹和许荣成之间不光彩的事情。宋超火冒三丈，勒令秦晓丹立刻打电话给许荣成，并威胁老许说，他要报警。

许荣成被宋超的威胁吓得直哆嗦，怕事情闹大，他故作沉着地叫宋超救人要紧，宋超同意先救人，但他一张口就要 10 万元，还要许荣成以最快的速度把钱打过来。哆哆嗦嗦的许荣成东拼西凑，凑足了 10 万元，汇了过去。

这事许老汉跟谁都不敢说，胆战心惊的他第二天就病倒了，高烧不退，还一直说胡话。

家人都纳闷呢，许老汉一向身体硬朗，怎么突然就病倒了，病情还如此凶猛。之后，孩子们在他口袋里发现了银行转账凭条，再查他的银行卡，短短不到半年的时间，居然花了 20 多万元，甚至不惜损失利息提前支取未到期的定期存款，钱都花到哪里去了？再一查许老汉的手机通话记录、网络聊天记录，孩子们觉得老爸八成是遇到网络诈骗了，赶紧报了警。

经过侦查，这的确是一起诈骗案件，而秦晓丹夫妇也确有其人，他们原本是北京近郊一对平凡的夫妻，过着平凡的生活。那这两人是怎样走上了犯罪的道路呢？

两年前，因为旧城改造，宋超家里的老房拆迁，他们得到了千万元的补偿款。千万富翁，是他们之前根本就不敢想的。签完补偿协议的第一件事，他们就去辞职了，宋超跟他老板说："你干一辈子都不一定能赚到这么多钱，而我现在可以尽情地去享受人生了。"

自此小两口过起了挥金如土的日子。然而富足的物质并没有让他们的精神更愉悦，四处旅游他们还觉得没意思挺累人的，之后两个人开始宅在家，沉迷在网络游戏里。他们靠着花大价钱买来的装备，一路过关斩将，感觉超爽。

去年在网友的怂恿下，宋超开始迷上网络赌博。宋超发现这个赌博程序很简单，网站给出来的赔率比合法彩票的要高很多。宋超自以为是，他很快

许老汉的桃花运

计算出，只要有充足的筹码，一定是包赚不赔的。偏偏网站还贴心地提供虚拟筹码，就是以高息的方式借钱给他们下注，这样就能保证有足够的赌资。宋超一算，那收益十分可观，他自以为发现了用钱赚钱的发财之道。可是一轮一轮下注之后，宋超并没有得到自己计算的结果，反而欠了不少钱。输红了眼的宋超想投诉网站，说网站在出老千。可是他上哪儿告去？网站的经营者他根本找不到。很快他就收到了恐吓电话，要他快速还清欠款。

肆意挥霍的奢靡生活很快就耗尽了他们获得的拆迁补偿款。迷上赌博之后，宋超又偷偷把父母名下的钱也花了，如今他不但血本无归，还欠了网站不少钱。虽说赌债不受法律保护，但是架不住债主们的百般追债和恐吓，两人提心吊胆的。

上哪儿找钱还款啊？这小两口在网络上被骗之后，竟想出同样利用网络骗钱的"生财之道"。夫妇俩分工明确，先由秦晓丹引诱网友，刚退休的网络新手许老汉正是他们选中的猎物。他们与许老汉熟悉后，以信用卡还款为由头，欲擒故纵让老汉彻底放下心理的戒备，小试牛刀地骗到 2000 元钱。

这次得手之后，两人又借孩子出鼻血的时机再蒙骗到 4000 元。于是他们开始谋划，想狠狠地骗许老汉一大笔钱。为此，秦晓丹不惜牺牲肉体，获取了许荣成的信任，更不惜编造孩子和婆婆病逝这样不吉利的谎言，来骗取许老汉的同情，一下就骗到了 8 万元。

拿到这笔钱，秦晓丹就想立刻拉黑许荣成，迅速搬离出租房屋。可是宋超还不甘心，他还想最后在许老汉身上捞一笔更大的，于是他故作老练地对秦晓丹说："你现在跑了，他就立刻发现自己被骗了，会去报警，咱俩不就危险了吗？咱俩得让许荣成永远都蒙在鼓里，还不敢跟别人提起这事，这样他既不会找你还钱，也不会报警了。"

秦晓丹不解地问："怎样才能实现这个目的呢？"宋超得意地笑了，于是网上的瑶瑶就出现了，瑶瑶其实是宋超假扮的。现实中根本没有瑶瑶把秦晓丹砍伤的事，只是夫妇俩一唱一和演的戏。宋超再以丈夫的身份以报警相威胁，很快就从许老汉那里榨到了 10 万元。之后，他警告许荣成再也不许骚扰秦晓丹。

正当宋超和秦晓丹在暗自得意寻找下一个猎物时，他们接到了警察的传唤。面对警察的讯问，他们想抵赖也不可能了。

小两口被抓了，他们的父母才知道他们都干了什么。老人后悔地说："还不如没有拆迁，没有巨额的补偿款呢！这样他们应该还在老老实实上班，过着普通的生活，不会落得这个地步。"可是现在说这个已经晚了，只能看能怎么帮他们悔过自新。

双方父母东拼西凑地拿出 21 万元，退赔给许荣成，又为两人聘请了律师。如今的宋超特别后悔，身陷囹圄之后他才发现没有什么比自由更宝贵。他恨自己，也恨那些拉他进行网络赌博的幕后组织者。律师鼓励他，为了将这些幕后的人绳之以法，避免祸害更多的人，也为了争取从轻处罚，他应该积极与办案警察沟通，详细供述他的网络赌博犯罪过程，检举揭发那些幕后之人非法组织网络赌博的犯罪事实。

律师为什么会这么说呢？破获这个非法组织网络赌博的团伙对宋超有什么样的影响呢？律师是在帮宋超争取立功的机会，一旦有立功行为，宋超就能争取到从轻或减轻处罚。

法条链接>>>

《中华人民共和国刑法》

第六十八条　立功

犯罪分子有揭发他人犯罪行为，查证属实的，或者提供重要线索，从而得以侦破其他案件等立功表现的，可以从轻或者减轻处罚；有重大立功表现的，可以减轻或者免除处罚。

《最高人民法院关于处理自首和立功具体应用法律若干问题的解释》（法释〔1998〕8号）

第五条　根据刑法第六十八条第一款的规定，犯罪分子到案后有检举、揭发

许老汉的桃花运

他人犯罪行为，包括共同犯罪案件中的犯罪分子揭发同案犯共同犯罪以外的其他犯罪，经查证属实；提供侦破其他案件的重要线索，经查证属实；阻止他人犯罪活动；协助司法机关抓捕其他犯罪嫌疑人（包括同案犯）；具有其他有利于国家和社会的突出表现的，应当认定为有立功表现。

后来，宋超积极配合警方，成功地捣毁了这个利用网络赌博的犯罪团伙，团伙的 3 名核心成员因开设赌场罪被判处 8 ～ 10 年有期徒刑，并处罚金。

随后，法院也对宋超与秦晓丹的案件进行了审理，认定秦晓丹宋超两人犯诈骗罪，鉴于家属代为退赔，并且宋超有立功表现，从轻判决两人有期徒刑 3 年，并处罚金 5 万元。

宣判之后，老人叮嘱两人要好好改造，争取早日重新做人。此时的秦晓丹和宋超都低头流下悔恨的泪水。

自从那次被宋超恐吓之后，许老汉一直久病不愈。即便已拿到宋超和秦晓丹的退赔赃款，追回了损失，许老汉依然闷闷不乐，还陷在深深的懊恼之中。

本案中，宋超夫妇与许老汉都是网络诈骗的受害者。网络已经逐渐成为我们日常生活、工作不可分割的一部分，但网络世界里鱼龙混杂，有些骗子总会披着美丽的外衣实施诈骗。面对五花八门的网络诈骗手段，我们需要擦亮一双能识别诈骗的慧眼。

律师点评>>>

在互联网时代，网络给我们提供了信息和便利，同样也给罪犯提供了新的机会。利用网络手段实施诈骗，也成为诈骗犯罪的新类型。犯罪分子也迅速地将目标锁定在对网络还不熟悉的老年群体身上。本案中的秦晓丹、宋超夫妇就是在精心策划之后，选择有一定经济实力、刚退休缺乏陪伴又是互联网新手的人诈骗，许老汉就成为了目标。

有人开玩笑说：何以解忧，唯有暴富。城乡改造拆迁补偿，造就了大批年轻的富翁，这些人被称为"拆二代"。然而，暴富真的能解忧吗？古语有"德不配位，必有灾殃"，当才不配财时，也必定倒霉。如同中彩票一样，靠拆迁补偿，这样全凭运气、从天而降的巨款，从来都不是什么恩赐。对缺乏财富管理能力的人来说，天降巨款往往就是一个陷阱。他们面对巨额财富，没有与之匹配的才能，他们只是一个暂时有钱的"穷人"，经历这样的跌宕起伏之后，他们很难回归以前平淡的生活，甚至生活会变得更糟糕。

还有不少像秦晓丹、宋超夫妇这样的"拆二代"，暴富之后，滋生出骄纵情绪，"主动失业"，盲目奢侈消费，导致几年间从一夜暴富到负债累累，家庭矛盾、精神问题频发，有人甚至走上犯罪的道路。

自私的雇主害保姆

关键词 被害人过错对量刑的影响

这天晚饭后，王燕满脸堆笑地走进厨房，小声对正洗碗的保姆周梅英说："周姨，我想跟您说个事。"周梅英纳闷，王燕怎么神秘兮兮的。王燕趴在她耳朵前说："我和世军都觉得，您跟我爸挺合适的，你俩结婚，怎么样？"王燕的话把周梅英吓了一跳，她满脸通红，手里的碗差点滑掉。儿媳居然撮合保姆和自己公公结婚，还真是少见。她为什么要这样做呢？这得从周梅英来他们家做保姆说起。

高世军、王燕小两口在省城经营一家饭馆。三年前，他们买了房，儿子亮亮出生，王燕的妈妈帮他们看孩子，两人全力照顾饭馆生意，日子越过越红火。

可是去年春天，王燕的婆婆因病去世，一下打乱了平静的生活。王燕的公公高冬民，60多岁，性格古怪，号称一辈子没进过厨房，没用过锅铲，生活上完全依靠老太太照料，如今一落单，整天闷闷不乐。

小两口不放心让他独自留在老家，把他接到省城同住。可老头儿住不惯，没几天就闹着要回去。王燕知道老人喜欢孙子，为了让他安心，她从娘家把儿子亮亮接了回来。果然有了孙子在身边，高冬民再也不闹着回老家了。为了照顾祖孙俩的日常生活，小两口想请个保姆，可是一连三四个保姆，都因为受不了高冬民古怪暴躁的脾气而不做了。直到保姆周梅英来到他们家，才把所有的一切都安排得井井有条。

周梅英40岁出头，离异，女儿在读大学。她踏实能干，最难得的是她能理顺高冬民的脾气。很快，王燕就发现，脾气乖张的公公在周梅英面前百依百顺，挑三拣四的毛病也不见了，每天笑眯眯的，像变了一个人。这样一家人其乐融融，高世军小两口很感激保姆周梅英。

然而天有不测风云。一天，高冬民在晨练时突发脑血栓，幸亏及时送到医院，才没有生命危险。但医生说，高冬民还需要长时间的康复训练，而且以老人的年龄来看，极可能下半身瘫痪，语言表达能力也会受影响。

那是生活不能自理啊，高世军夫妇一听脑袋就大了，得尽量让父亲恢复得好一些，这样全家人才能和和美美。

这段时间，保姆周梅英在家照顾孩子，小两口又要做生意又要跑医院，忙得焦头烂额。长此以往也不是办法啊，怎么办？高世军提出让周梅英来照顾父亲，但王燕却说："当初跟她说好的工作内容是料理日常生活，现在还要她照顾卧床的病人，不知人家愿不愿意呢？"抱着试试看的心理，王燕和周梅英商量："每月加500元，麻烦您照顾一下病人，行吗？"没想到，周梅英一口答应了。于是王燕把儿子亮亮又送回姥姥家，周梅英则在医院照料高冬民。小两口稍稍松了口气。

更令他们惊喜的是，一周之后，高冬民的情况稳定，从监护病房转入康复病房，接着周梅英每天给他做肌肉按摩，比护工更尽心。看到周梅英无微不至地照顾高冬民，小两口多次感叹，幸亏有贴心的周姨啊。医生说照这恢复速度高冬民很快可以出院了。

高冬民出院后，周梅英仍然坚持在家帮他做康复训练，之前被医生判断可能半身不遂的周冬民竟奇迹般地站了起来，接着周梅英更是每天不辞辛苦地扶着他走路，和他说话。不到三个月，高冬民已经恢复了生活自理能力，这让高世军小两口喜出望外。

这天晚上，王燕对高世军感叹说："多亏周姨，不然老爷子性格那么古怪，如果再半身瘫痪，我们的日子就过不安生了。也就只有周姨能把老头儿照顾得这么好，万一哪天周姨不干了，咱俩可就抓瞎了。"突然王燕灵机一动："你说，他们都单身，何不把他俩撮合到一起，周姨变成不花钱的保姆，还永远不会走了，那我们就没有后顾之忧了！"高世军觉得这是个好主意，直夸媳妇真聪明。

次日早上，趁周梅英出门买菜，小两口悄悄征求了老父亲的意见。果然，高冬民立刻就同意了。于是由王燕出面和周梅英说。当听完王燕的提议后，周梅英有点儿犹豫，不少女保姆和男雇主结婚后，被人背后议论是女保姆想占人家财产，她可不想让人在背后指指点点。王燕却说："那都是儿女们反对才会闹得风言风语的，我和高世军不同，我们早把您当作家人了。结婚之后，我和世军专心做生意，周姨就是家里的女主人，大事小情都由您做主。将来我们还要给您养老呢。"

看她还在犹豫，王燕补充一句："周姨，实话告诉你吧，我爸早同意了，是他让我来跟您说的。"她这一说。周梅英也觉得平时高冬民很体谅她，让她感觉很温暖，而且小两口平时忙于生意，对家务也不挑剔，一家人比较好相处。想到这些她就含羞同意了。

但是她又提出："我还有个女儿呢，正念大二，离婚时虽然判给了前夫，但孩子一直希望父母复婚。我虽然不会与前夫复合，但也想等女儿大学毕业后，再考虑再婚的事。"

王燕立刻表示没问题，只要周梅英愿意，他们可以等到任何时候。之后，小两口亲热地改口叫周梅英"姨妈"，周梅英对一家人的照顾也更加无微不至了。

两个月后，高冬民恢复得和正常人一样，别人都不相信他半年前有过脑梗，小两口商量着下周就去把儿子亮亮接回来，一家人又可以幸福地生活在一起了。但此时周梅英家里却出事了。

这天，高世军一回家，周梅英神色焦虑地说："我要请假回趟家，我刚接到前夫的电话，女儿生病了。"一周后，周梅英形容憔悴地回来了，正在吃午饭的高冬民忙放下饭碗，迎上去接过她的背包，关切地询问："孩子的病好了吗？"

周梅英还没开口，眼泪就哗哗地流下来，她哽咽着说，女儿患的是急性白血病，医生说，需要做骨髓移植。前两天她和前夫都做了配型检查，幸亏前夫和女儿配型成功，可是医疗费就要30万元啊，一时上哪儿找这么多钱啊？医生还说，手术要尽快做，越拖治疗效果就越差，到时候说不定做手术也没救了。说着，周梅英又哽咽了。

　　看到瘦了一圈的周梅英，高冬民心疼极了，他忙倒了杯水，递到她手里，安慰说："我们一起想办法。"周梅英顾不得接过水，扑通一下跪下了，她感激地说："谢谢高大哥！如果你能救我女儿，我愿当牛做马来报答你！"高冬民连忙把她扶起来说："咱们一家人不说两家的话，你孩子也是我的孩子，你先休息，晚上我跟世军他们说一下。"焦虑了一周的周梅英终于放了心，很快踏实地睡了。

　　次日早上，醒来的周梅英满心期待地去问高冬民，可他闪烁其词地说："他们太忙，等过两天再说吧。"周梅英一下子明白了，肯定是高世军小两口不同意。她失望地低下头转身说："我干活去了。"高冬民尴尬地说："我去店里看看能帮什么忙。"

　　事情的确没这么简单。晚上，王燕回家后极不自然地关心周梅英，说："呃，遇上这样的事，真是让人揪心。要不这样吧，周姨，我和世军商量了，您就安心去照顾女儿，别操心我们家的事了。"说完拿出1000元放在周梅英手里，说："这是我们一点心意，您收下。"这意思就是要打发周梅英走人啊！

　　原来，昨晚听说周梅英的女儿得了白血病，医疗费还那么高，高世军脱口而出："这不就是血癌吗，移植之后，还有放疗化疗，那是个无底洞啊！她不会赖上咱们吧？"王燕也感叹："幸亏没结婚！"他俩的话让高冬民很意外，没想到儿子和媳妇这么市侩。他一晚上都没有睡好，今天一早，他无法面对周梅英期待的眼神，于是到儿子店里，想说服他们资助周梅英。但是儿子和媳妇反而一致劝老头儿别被周梅英的哭穷卖惨所迷惑，不要自找麻烦。父子不欢而散。

为了彻底断了老爷子的念想，王燕和高世军决定尽快赶走周梅英。于是，晚上回家王燕就对周梅英下了逐客令，还虚情假意地给了她1000元慰问金。

这让周梅英难以接受，她自知他们不能真把自己当成一家人，但她女儿正需要用钱啊！她忙说女儿在医院有专业的陪护，她很需要这份工作。高世军急了，抢着说："各有各的难处，现在店里生意并不好，老爷子也不需要康复训练了，家里也负担不起你的高工资。"看着他气急败坏的样子，周梅英不想再说什么了，她喃喃地说："我明天就走。"

听见他们的对话，高冬民急忙从房间冲了出来，说："不能让她走！没有你周姨的照顾，我现在还瘫在床上呢！"见高冬民为自己要和孩子闹翻，周梅英连忙打圆场："老高，是我自己要走，女儿病得那么重，我这个当妈的怎能不守在身边呢？"王燕连忙接话："爸，咱不能太自私，得体谅周姨。"高冬民根本不搭理儿媳，径直拉起周梅英的手说："小周，只要你答应，我们马上结婚。这样，他们就必须帮你。"

周梅英摇了摇头，说："老高，谢谢你！但我不能在这个时候和你结婚啊，我不能拖累你们。"

周梅英走了，小两口长舒了一口气，庆幸老爷子没有被"讹"上。可是他们把周梅英打发走后不到一个月，高冬民就出事了。

这天凌晨，小亮亮不小心滚到床下摔得哇哇大哭起来，和他同睡的爷爷高冬民猛地被惊醒，想起来去抱起孩子，却咕咚一声，摔倒在孩子身边。听到响声的高世军夫妇从隔壁跑来，王燕抱起孩子，高世军却扶不起老人，高冬民再发脑溢血。

这一次没有上次幸运了，在医院的重症监护室待了一周后，高冬民来不及留下只言片语就去世了。

父亲的突然离世，让高世军措手不及。安顿好后事之后，他收拾父亲的遗物，却发现父亲的银行卡里只剩下1000元。他记得父亲跟他说过，他存了一笔30万元的定期存款，可是现在这笔钱到哪儿去了？高世军四处询问亲友，都没有得到答案。想来想去，还是王燕提醒了他，父亲肯定是把钱给了周梅英。

没想到周梅英居然这么有心计，不行，得跟她要回来！

高世军打听到周梅英新雇主的地址，打电话把周梅英叫到小区门口。一见面就质问她："我爸的30万元存款是不是给你了？"得知老高去世了，周梅英眼泪夺眶而出，又被问起那30万元的去向，她着急解释说："这玩笑开不得！你爸的钱没给我。我女儿至今都没钱做手术，如果你爸把钱给我了，我还等她学校捐款干吗呀？"周梅英又哭又说，惹得路人都看他们，高世军很尴尬，无奈只好先回去了。

回到家，高世军越想越气，30万元可不是小数目，周梅英肯定就是这样眼泪汪汪地从父亲那里骗走这笔钱的，但她不承认怎么办？

他和妻子王燕一商量，两人决定分头行动，高世军怂恿王燕说："你去找她女儿，年轻女孩比较好对付些，我再去找周梅英谈一谈。"

次日一早，高世军把周梅英堵在她雇主家门口，拉着她要钱，两人争吵起来。左邻右舍都出来看热闹，听说周梅英和原雇主家还有说不清的感情瓜葛和经济纠纷，高世军走之后，新雇主立刻找了个借口，把她辞退了。

接近中午，王燕找到了周梅英女儿姚芳的病房。姚爸爸去食堂打饭了，病房还有其他病友和家属。王燕向姚芳自我介绍后，劈头盖脸地说："你妈打着为你治病的幌子，假意答应和我公公结婚，骗光老人的积蓄之后不辞而别，老人一急之下，突发脑溢血离世了。"王燕边说边假意抹眼泪。打着点滴的姚芳，恨不能起来堵上她的嘴，可是身体虚弱动弹不了，她大叫："你胡说，我妈不是那种人！"但是王燕句句紧逼："你妈骗了老头儿的钱，还继续骗你们学校捐款！你这病治个三年两载的，你家都发财了。"

王燕绘声绘色地描述周梅英是如何引诱哄骗高冬民的，一时间，病房里的患者及家属围过来，闹哄哄的，直到医生出面干涉，王燕才愤愤离开。

自私的雇主害保姆

回家后，两口子各自汇报战况，他们说如果周梅英再不还钱，就去法院告她去。

两天后，高世军突然接到岳母的电话，她去幼儿园接亮亮，老师却说亮亮已经被保姆接走了，家里现在没保姆啊？高世军一想，肯定周梅英接的，幼儿园的老师认识她。高世军觉得大事不妙，现在周梅英接走孩子准没好事。

果然他的手机响了，是周梅英打来的，她说："你听好了，亮亮在我手里，三个小时之内，准备好30万元赎人，不要报警，否则我就撕票。你要逼死我女儿，我就拿我的老命换你儿子的小命！"说完，她挂断了电话。

高世军傻了，周梅英竟如此贪财，他想立刻报警，却被一边的王燕拦住了，她说："孩子要紧啊！万一惹急了周梅英，亮亮有个三长两短，那可怎么办？"于是他们没报警，决定火速凑齐30万元先把孩子赎回来。

很快，钱准备好了，由于周梅英的电话一直关机，两口子只能如坐针毡地等待着她的来电，他们特别担心亮亮的安危。

终于等到周梅英的电话，按照她的要求，高世军一个人提着钱来到她的出租屋，这是一间地下室，离亮亮姥姥所住的小区很近。高世军一进屋，发现根本就没有亮亮。他急了，揪住周梅英质问："我儿子在哪里？"周梅英平静地说："和你通完刚才那个电话，我就后悔了，我不该拿亮亮要挟你们，我让他从小区后门回去了，这会儿应该到家了。我想跟你谈谈。"

从自己出发到现在应该快一个小时了，正常的话孩子应该早到家了呀，他将信将疑地拨通亮亮姥姥的电话，可是亮亮姥姥说根本没看到孩子的踪影。

想到孩子可能遭遇不测，情绪失控的高世军大吼："你敢骗我！"他扑上去，掐住周梅英脖子："快说！亮亮到底在哪里？你把他怎么样了？"周梅英挣扎着说："我真的把他放回去了……"愤怒的高世军觉得，这个女人简直太可恶了，骗了父亲又来骗他，他手上也更加用力了……没多久，周梅英就瘫软了。此时高世军的电话响了，岳母告诉他亮亮在楼下和小朋友正玩呢。他这才如梦初醒，回头再看周梅英，早已停止了呼吸。高世军跌坐在她身边。

悔之晚矣。不知过了多久，高世军冷静下来，打电话向公安局自首。很快，警察赶到现场，确定周梅英已死亡。

经过警方的调查，还原了事件的经过。

那天，被雇主辞退的周梅英正在出租屋里独自落泪，女儿的病日益严重，时间越来越紧迫，自己多么需要这份工作啊！此时，电话响起，是女儿姚芳打来的，王燕居然到医院找女儿闹了，周梅英吞吞吐吐地向女儿解释，自己和高冬民是真诚相待的，女儿挂断了电话。周梅英更是泣不成声，她迷迷糊糊地睡去，半夜前夫的电话把她惊醒，说女儿姚芳割腕自杀了。

原来，被王燕到医院一闹，再听了妈妈的解释，被病痛折磨的女儿更加悲观，觉得她连累了爸妈，如果自己离去，对他们都是解脱。于是半夜时分趁没人注意，姚芳用水果刀割腕自杀了，幸亏被夜查护士及时发现。

周梅英匆忙赶到医院，因抢救及时，女儿已经没有大碍。打了镇静剂的女儿沉沉睡了，守在女儿床前的前夫两眼通红，看到她来，怨恨地瞪了她一眼。这眼神就像又在周梅英的心上剜了一刀。医生说女儿的手术必须做了。

从医院出来的周梅英几近崩溃，被高世军一闹，不但自己丢了工作，连女儿学校的捐款都延迟了，这不是要把她逼上绝路吗？深夜里她一个人在大街上，边走边哭，嘴里喃喃自语："我该怎么办？真的没路可走了吗？高世军他们怎能这么对待我女儿，他们不也有孩子吗？"想到孩子，她想既然高世军认定自己拿了他爸爸的 30 万元，不如就利用亮亮来逼他们交出 30 万元钱替女儿交手术费。

她不费吹灰之力地从幼儿园接走了亮亮。亮亮见到周姨可高兴了，冲过来让她抱，开心地和老师说再见。好长时间没见，亮亮亲热地跟周梅英说个不停。看着孩子纯真无邪的笑脸，周梅英后悔自己一时冲动做了这个决定，亮亮也是自己一手带大的孩子啊！想着还躺在病床上的女儿，她不能再让这个无辜的孩子受罪。于是在高世军到来之前，她把孩子送进小区，让他自己回姥姥家。

但是没想到亮亮在楼下遇到了小朋友，他贪玩没有立刻回家。不明真相的高世军情急之下，掐死了周梅英。

警察记录了高世军的犯罪经过，着重核查了周梅英绑架亮亮的过程，因为这对高世军的量刑有着重要影响。

法条链接>>>

《最高人民法院关于贯彻宽严相济刑事政策的若干意见》

22.对于因恋爱、婚姻、家庭、邻里纠纷等民间矛盾激化引发的犯罪，因劳动纠纷、管理失当等原因引发、犯罪动机不属于恶劣的犯罪，因被害方过错或者基于义愤引发的或者具有防卫因素的突发性犯罪，应酌情从宽处罚。

本案中，周梅英一时糊涂，绑架了高世军的儿子，给自己招来杀身之祸。之后，警察通过多方调查，证实高冬民生前瞒着儿子把30万元借给了一个远房侄子。在周梅英女儿患病期间，高冬民曾多次找到这个远房侄子，想要回这笔钱帮助周梅英，但侄子以各种理由推托。在他死后，侄子想昧掉这笔钱，所以高世军问他时，他也没承认，这才致使高世军误会了周梅英。

经法院审理，高世军犯故意杀人罪，但是被害人周梅英也存在过错，最终判处高世军无期徒刑。

律师点评>>>

很多刑事案件的起因是一时冲动，律师在会见这类案件的被告人或犯罪嫌疑人时，听到他们无比懊悔的感叹，也替他们感到惋惜。他们往往有不错的学历、体面的工作、幸福的家庭，在案发之前，他们就是我们身边的普通人。但是一时冲动之后，酿成大错，需要他们用自由，甚至是生命去弥补。毋庸置疑，如果再给他们一次机会，他们一定会有不一样的选择。周梅英一定不会绑架亮亮，高世军一定不会动手掐周梅英。

可惜，世界上从来就没有如果，只有后果和结果。王燕也悔不当初，如果不是她和高世军的自私狭隘，胡乱猜忌，疑邻盗斧，积怨成仇，悲剧本不该发生。

还不清的债

关键词　夫妻共同债务的认定

2016 年夏天，浙江某地，辛苦一天的张玉巧刚做好晚饭，就听见有人敲门，开门一看，是她丈夫李小军的朋友王鹏来了。玉巧问王鹏："吃饭没？一起凑合吃点吧。"可王鹏神情尴尬地拿出一张借条来，说："嫂子，去年小军哥说工厂需要资金周转，向我借了 20 万元，本来说好两个月就还的，可是没想到他现在失联了。国庆节我就要结婚了，正在装修房子呢，如果再不还我钱，我这婚可能就结不成了。"

王鹏的话，让疲惫的张玉巧心里更加苦涩。王鹏是丈夫李小军的小学同学。李小军在半年前失去联系，下落不明，一家人正替他担心。现在得知李小军还向王鹏借了这么多钱，这让家人更加为李小军的安危担忧。他借钱干什么啊，为什么会突然下落不明呢？

面对满眼期待的王鹏，再看看眉头紧锁的公婆，张玉巧坚定地对王鹏说："这钱我还！七天后给你送去！"

"20 万元也不是小数目啊，怎么还？"送走王鹏，公婆忧虑地问玉巧。七天后，张玉巧东拼西凑还给王鹏 20 万元，公婆无比愧疚地说："玉巧，都是我家小军害苦了你啊！"玉巧安慰公婆说："您二老就如同我的父母，小军现在下落不明，我一定会把这个家撑下去。"

张玉巧和公婆的感情如此深厚，那她的丈夫李小军又去哪儿了呢？

张玉巧和李小军是邻居。张玉巧自幼丧父，母女俩相依为命。看到玉巧母女生活困难，老李介绍玉巧妈妈成为单位的临时工，虽然收入微薄但总算可以勉强糊口。李妈妈也经常照顾幼年的玉巧，两家亲如一家。玉巧和小军又年纪相仿，李妈妈和玉巧妈妈说："我们结成儿女亲家，就真的是一家人了。"玉巧妈妈也同意了。

转眼玉巧和小军高中快毕业了，正好单位有优先安排职工子女就业的政策，在老李的帮助下，玉巧和小军一样，都成为有编制的正式职工。无法圆大学梦，让成绩优秀的玉巧有些遗憾。但那时，国企的铁饭碗是很多人梦寐以求的，所以母亲劝她，要感恩知足。

正是怀着这份感恩的心，工作后的玉巧面对很多小伙子的追求，不为所动。而且她妈妈反复教导她："不能辜负待你情同骨肉的李叔李婶。"这样，20岁出头的张玉巧和李小军就结婚了。

婚后两家人其乐融融，唯独李小军不肯安分，非要做销售工作，常年出差，他却乐此不疲。某次出差期间，他和别人发生口角，打架斗殴，被治安拘留处罚，回来后单位批评教育他，父母也数落他。不服气的李小军索性辞职了，家里人也拦不住他。靠着之前积攒的人脉，他开了一个服装加工厂，经过两年，工厂效益还不错，后来女儿出生了，生活渐渐好了。

而这时，张玉巧的母亲被查出肺癌晚期。母亲辛苦一生，如今刚过上好日子，却又身患重病，玉巧无比遗憾。临终前母亲拉着玉巧的手说，看到女儿现在生活安定她就放心了，她又叮嘱女儿做人要知恩图报，做事要光明磊落。玉巧母亲走后，老李夫妇对玉巧更加关心，玉巧也对公婆体贴有加，外人常以为玉巧是老李夫妇的亲闺女，而常不着家的李小军是女婿呢。

一家人都渐渐习惯了李小军经常不着家，但是2015年的秋天，出问题了。

九月中旬是老李60岁的生日，玉巧和婆婆想请亲戚们一起吃个饭，想等李小军回家时和他商量一下，但是左等右等，将近一个月了李小军都没回家，张玉巧就给丈夫打电话，但奇怪的是李小军的电话成了空号。

张玉巧跑去工厂才发现工厂早已停工，老员工告诉她："上个月李总说工厂要装修改造，跟工人结清了费用后，让大家回家待岗，等改造完再通知复工。"显然李小军在消失前已经有所安排，可是他为什么瞒着父母妻子啊？全家人不免担心起来，李妈妈哭着说："肯定是小军在外面惹了什么事，躲起来了，他会不会有危险啊？"玉巧四处打听，想知道李小军失联前的蛛丝马迹。

听说李小军失联，王鹏立刻拿着李小军写的借条找上门，希望张玉巧尽快还钱。善良的玉巧东拼西凑还完王鹏的钱后，又冒出四五个人说李小军失联前也向他们借了钱，总共加起来有六七十万元。

这真是雪上加霜。丈夫失联生死未卜，一家老小的生活重担全压在张玉巧一个人身上，现在又冒出这么多欠债。有人提醒玉巧，也不知这些债是真是假，有没有浑水摸鱼的，让他们找李小军要去。但是玉巧牢记母亲的叮嘱，做人要讲信用，所以玉巧向所有的债主承诺，李小军的借条，她都认，宽容她些时间，她尽早还清。

可拿什么还啊？张玉巧一咬牙把家里的房子卖了一百多万元，还清了全部欠款，带着公婆和孩子租房住。

有人说她傻，可她却说无债一身轻。但玉巧刚还完这些债，一个更大的麻烦不期而至。正当玉巧准备用卖房剩下的二三十万元作本金，把工厂重新张罗起来时，工厂被法院查封了。

拿到法院的诉讼材料，玉巧才知道，丈夫李小军失踪前把工厂抵押给银行，贷款100万元。抵押贷款合同上还有张玉巧作为共同借款人的签字，玉巧确定地说这不是自己签的。证据显示，银行把100万元打到了李小军的银行卡后，被人在湖南某县城分多次从多个ATM机上把钱取走了。是谁取走了100万元？李小军是否有生命危险？

玉巧越想越害怕，她报警了。可是公安机关觉得目前没有更多的线索，就替玉巧办理了申报李小军为失踪人口的手续，对于这100万元的事情并未立案。这样，借款纠纷的民事案件如期开庭，李小军经合法传唤后未到庭。银行的工作人员很肯定地说，当时是李小军夫妇两人拿着身份证件原件，一起当面签署的合同。玉巧更肯定地说自己根本不知道借款这回事，那借款合同上自己的签名是假的，要求做笔迹鉴定。

当然假的真不了，笔迹鉴定结果显示借款合同上张玉巧的签名的确不是她本人签署的。但是玉巧仍输了官司，被判决应当和李小军一起共同偿还这100万元的借款，这是为什么呢？

律师说法>>>

原来，法院虽然否定了张玉巧在借款合同上签名的真实性，只认定李小军一个人为借款人，但是李小军与张玉巧系夫妻关系，我国实行的是夫妻财产共同制。如果不属于夫妻共同债务，需要由配偶承担举证责任，证明这笔借款没有用于家庭共同生活或共同生产经营。如果配偶不能举证证明，该债务会被认定为夫妻共同债务，配偶需要承担连带还款责任。

法条链接>>>

《最高人民法院关于适用〈中华人民共和国婚姻法〉若干问题的解释（二）》

第二十四条　债权人就婚姻关系存续期间夫妻一方以个人名义所负债务主张权利的，应当按夫妻共同债务处理。但夫妻一方能够证明债权人与债务人明确约定为个人债务，或者能够证明属于婚姻法第十九条第三款规定情形的除外。

拿到这份判决，张玉巧欲哭无泪，她已经把房子卖了，如果再背负100万元的债务，未来的日子，她将失去希望。玉巧说："我不能这样不明不白地背负这么大的债务！这和母亲说的讲诚信是两回事！现在李小军下落不明，他为什么会去银行借这么一大笔钱，这笔钱到底谁用了？用到哪里去了？谁也不知道。难道就因为我和他是夫妻，他做的所有事情，都要我承担责任吗？我想不通，我要上诉！"

案件进入二审。玉巧聘请了律师，律师理解一审判决，也深深同情玉巧的遭遇，更敬佩玉巧诚信坚强的品德，很想帮她摆脱困境。律师建议她积极寻找李小军，因为找到他，对二审会有很大帮助。张玉巧的遭遇也得到了很多人的关注，大家纷纷替她想办法。有人建议她利用网络找人，玉巧就通过微博、微信、各种留言论坛，在网络上发出寻人启事，但很久都没有得到线索。忽然某一天，已经消失多时的丈夫却自己冒出来了！他不仅没事，而且还很幸福！

一天，有网友发给玉巧一个视频链接，那是一档网络美食节目的街拍，介绍湖南某地的小吃店，接受采访的男子不就是李小军吗？他是那个小吃店的老板，随后还有一个抱着小孩的女子出现，说是老板娘，他们一家三口，生意兴隆，生活幸福。玉巧怀疑自己的眼睛，难道自己会认错人吗？她把视频播放给公婆看，老李夫妇紧盯着屏幕，婆婆坚定地说："是小军没错，隔着衣服我都能看到他肩头鼓起的那颗痣！"

他在湖南，没有任何危险，生活得很幸福，还有老婆和孩子！两年来，一家人为他悬着的心总算放了下来，可是为什么他会借了那么多钱，还丢下一堆债，跑得远远的，音信全无，全然不顾一家老小，究竟是为什么？一瞬间，刚消除了担忧，又生出疑惑与埋怨，张玉巧和公婆的情绪几起几落。

为了早日解开谜团，玉巧即刻起程赶去湖南向李小军问个究竟。

李小军看到有人站在自己小吃店门口，连忙出来招呼，抬眼发现正是妻子张玉巧，他呆在那里，尴尬地挤出一句好久不见。而随后出来的老板娘王红看到这个情形，立刻猜出了张玉巧的身份。面对千里迢迢赶来的玉巧，无法回避的李小军说出了个中缘由。

原来，李小军生性顽劣，他和踏实温和的玉巧根本没有共同语言。从小父母总叫他向玉巧学习，他很反感。和玉巧刚结婚时，看到别人羡慕的眼光，他还颇有些得意。但是时间一长，他觉得大家话里话外总替玉巧惋惜，说他配不上玉巧，他特别憋气，总是对玉巧很冷淡。

为了不和玉巧在一起，他就老出差，后来索性辞职自己开了工厂。凭借之前积累的销售关系，服装厂渐渐有了基础。进门出门，被人尊称为"李总"，李小军开始飘飘然了，现在总没人说他配不上张玉巧了吧。

因为业务往来，他认识了开服装网店的王红。王红对他十分殷勤，李小军特别受用，这是他之前在张玉巧那里从未得到过的感受。两人很快成了情人关系。其实王红接近李小军是别有用心的。王红把小军服装厂承接加工的服装余货，拿去自己的网店卖，她网店上卖的衣服比商场便宜很多，王红的生意一下子就火了。

可是给客户交完货之后，能剩下的衣服数量有限，怎样才能挣更多的钱呢？脑袋活络的王红说："我们可以照着客户的版型，自己仿制更多衣服卖啊。"当然，仿制品从原料到配件都不能和正品相比，但是仿制品成本低，价格更便宜，卖得很好，王红的网店生意更红火了。她怂恿李小军去贷款更新设备，招更多的工人，准备大干一番。

这些李小军当然是瞒着妻子玉巧的。去银行办理贷款时，银行要求配偶一同签字，头脑灵活的王红又说："你把张玉巧的证件都拿来，我替代她不就行了吗。"就这样，与张玉巧外形有几分相似的王红冒充玉巧签名，和李小军一起办理了银行贷款。李小军又向别人借了几十万元，都打了借条。

正当他们筹来钱，准备大干一番时，王红的网店被平台封店了，随后李小军也收到律师函。原来，客户发现网上有未经授权的自家产品销售，还有大量仿冒产品，经过调查，发现了李小军、王红侵犯原厂知识产权的行为。他们做完证据保全后，向平台投诉了王红的网店，向李小军发送了停止侵权、赔偿损失的律师函。他们根据网店的销量和自己的损失，向李小军主张500万元的赔偿。500万元，李小军和王红都吓傻了，倾家荡产也赔不起啊。在两人焦头烂额的时候，王红怀孕了。

又是王红提出来："咱们工厂也不要了，网店也不管了，索性回我湖南老家吧。拿着手里这一百多万元，咱们再干点别的买卖。"

李小军有些犹豫，他这一走父母肯定会担心。可是王红说："如果你要赔那500万元，他们也好过不了。"想想父母有玉巧照顾，李小军就真的一咬牙，和王红跑到湖南了，把家里的烂摊子留给老婆张玉巧了。

到湖南后，李小军和王红开了这家小吃店，之后王红生下了儿子。他们地道的浙江小吃美食，很快大受欢迎，居然还引来了网络美食节目的街拍。看到摄像机李小军有点躲闪，但喜欢热闹的王红觉得这是个宣传自家小店的好机会，凑上来恨不能多说几句。

这些视频在网上传播以后，玉巧找到了他们。两年来，玉巧为李小军担心，替他偿还债务，维护他的名誉，独自支撑这个家，照顾老小，整顿工厂，她一直坚持，在看到眼前的境况之后，她的信念瞬间崩塌，她质问李小军怎么能如此冷酷。

面对玉巧的质问，李小军也不知该说什么好，心一横，说："现在已经这样了，我爸妈肯定是愿意跟着你过的，我也就在王红这里了，其他的你看着办吧。"

玉巧不禁反问他："什么叫我看着办？你们拿着银行贷款100万元，让我来替你们还，你们心安理得地过日子？你们怎能这么自私？"

彻骨寒心的张玉巧回来后向法院递交申请，通知李小军参加诉讼。

因为害怕被追索赔偿，二审开庭时李小军仍然避而不见，只是委托王红以代理人的身份出庭，在法庭上王红听不懂法官对她释明的应当承担的责任，反而自作聪明地表示李小军不记得钱的具体用途了。在法庭外，满心希望见到儿子的李家父母特别失望，对王红更是不停责怪。从来不服软的王红没好气地说："哎哟，你们搞清楚，我现在才是李小军的老婆，还生了儿子，我才是你们儿媳妇，你们怎么不向着我，还向着外人啊？"李老爹气急了，情绪激动地站起来，指着王红说："你怎么这么没脸没皮？谁认你是我儿媳！"说完捂着胸口直哆嗦。老人突发心梗，张玉巧连忙把李老爹送到医院。

二审判决还没下来，李老爹却病逝了，两年未出现的李小军终于回来奔丧。看见随同前来的王红，李妈妈狠狠地瞪了她一眼，对儿子说："我不欢迎她。"而不甘心的王红还嚷嚷："我儿子要在他爷爷的葬礼上认祖归宗。"李妈妈气得把他们打了出去。

嚣张的王红激怒了玉巧，她向法院提起刑事自诉，追究两人重婚的法律责任。王红的言行都是玉巧的证据，精于算计、无视法律的王红，因为自己的愚蠢行为，受到法律的制裁。法院认定，李小军有配偶，王红明知李小军有配偶，两人仍以夫妻名义共同生活，别人也以为他们是夫妻，两人均构成重婚罪，被判处有期徒刑一年，缓刑两年。

律师说法>>>

这时，律师告诉玉巧一个好消息，2018 年 1 月最高人民法院作出了《最高人民法院关于审理涉及夫妻债务纠纷案件适用法律有关问题的解释》（以下简称《解释》），这个解释只有四条，但它对司法审判实践中如何认定夫妻共同债务具有重要指导意义。

《解释》首先确立了"共债共签"原则，第一条规定："夫妻双方共同签字或者夫妻一方事后追认等共同意思表示所负的债务，应当认定为夫妻共同债务。"也就是说，那份借款合同上张玉巧的签名是假冒的，也没有得到玉巧的追认，因此不应认定为夫妻共同债务。

其次，也重新分配了举证责任，《解释》第三条规定："夫妻一方在婚姻关系存续期间以个人名义超出家庭日常生活需要所负的债务，债权人以属于夫妻共同债务为由主张权利的，人民法院不予支持，但债权人能够证明该债务用于夫妻共同生活、共同生产经营或者基于夫妻双方共同意思表示的除外。"

法律的内容是伴随着社会发展而变化的。2003 年，最高人民法院在起草《最高人民法院关于适用〈中华人民共和国婚姻法〉若干问题的解释（二）》时，发现实践中存在着一些夫妻"假离婚、真逃债"的问题。但是，随着近年来社会经济发展，我国城乡居民家庭财产情况发生巨大变化，现实中因一方超出家庭日常生活需要大额举债，造成另一方在毫不知情的情况下背上沉重债务负担的问题日益凸显。

还不清的债

这个《解释》的出台，在对于明确夫妻共同债务的认定标准，平衡保护债权人利益和夫妻特别是未举债夫妻一方利益具有重大意义。对玉巧来说真是"及时雨"。

《解释》改变了之前关于举债用途的举证责任分配原则，按照《最高人民法院关于适用〈中华人民共和国婚姻法〉若干问题的解释（二）》第二十四条的规定，夫妻一方能够证明债权人与债务人明确约定为个人债务或者证明从无共债合意及所借款项非用于家庭开销。而新《解释》可以理解为，应当由债权人负举证责任，如果债权人不能证明为夫妻共同债务的，推定为个人债务。

玉巧有稳定的工作，李小军所借款项远远超过玉巧一家的日常生活开支，李小军的出现更证明了这笔钱根本没有用于张玉巧一家的生活，因此该借款不能认定为夫妻共同债务，玉巧不用承担连带还款责任。

2018年5月，二审结果终于出来了，法院认定李小军向银行贷款100万元不属于夫妻共同债务，由李小军个人偿还，与玉巧无关。

走出法院的张玉巧，豁然轻松。之后，她与李小军办理了离婚手续，但还和李妈妈一起居住，别人夸她是难得的好儿媳，她却说："老人家照顾我长大，如今还照顾我女儿，她就是我妈。"因为她的坚韧和诚信，离婚后的玉巧得到很多人帮助，她把服装厂重新张罗起来，订单纷至沓来。

信用是现代社会之根基，离婚后李小军的境况与张玉巧截然不同。失去信用的李小军和王红在信息时代无所遁形、举步维艰。除了面临银行的债务追索，当他的所作所为被网友曝光之后，小吃店也开不下去了，还和机关算尽的王红一起面临客户巨额的索赔，他们上了银行的黑名单、网络平台的黑名单，无法获得新的创业机会。

不是所有婚姻都是愉快的。遭遇不幸的婚姻，有人选择离婚及时止损，但是有一部分人即便离婚也不能解脱，他们需要为一场错误的婚姻背负巨额债务。

根据2013—2016年中国裁判文书网的数据显示，在逐年增多的民间借贷的案件中，依据《最高人民法院关于适用〈中华人民共和国婚姻法〉若干问题的解释（二）》第二十四条认定为夫妻共同债务的超过半数，这些因为婚姻而被负债的受害者，往往对涉案借款毫不知情，仅仅是因为债务发生在夫妻关系存续期间，他们因为无力承担难度系数极大的举证责任，而被判定要承担连带的还款责任。

最高人民法院2003年起草《最高人民法院关于适用〈中华人民共和国婚姻法〉若干问题的解释（二）》时，主要是根据当时实践中反映较多的一些夫妻"假离婚、真逃债"的问题，在衡量了债权人利益和夫妻另一方利益后，作出了第二十四条规定。这样的规定很好地保护了债权人的利益，维护了市场交易安全。

随着社会的发展，经济活动更加活跃，家庭财产来源和种类也多元化。配偶一方超出家庭日常生活需要进行大额举债，受害者在毫不知情的情况下背上沉重债务的问题日益凸显。我们看到，有的案件债务数量特别巨大，被负债的一方可能此后的一辈子都需要为这次错误的婚姻埋单。相关的法律已经严重滞后于现实，关于修改和明确夫妻共同债务认定标准的群众呼声日益强烈。

2018年1月，最高人民法院出台了《最高人民法院关于审理涉及夫妻债务纠纷案件适用法律有关问题的解释》，对夫妻共同债务的认定原则和举证责任的分配作出重大改变。这项重大改变，有利于平衡保护各方当事人的合法权益，同时也引导大家，进行民商事活动时，要注意规范交易行为，加强事前风险防范，涉及夫妻共同债务的，应当做到"共债共签"，以保护自身的合法权益。

赌气结婚酿悲剧

关键词 遗嘱的效力

一个月前，处理完孙鹏的后事，周玉芳依旧无法接受丈夫已经永远离开的事实。这时，她意外收到法院的传票，一个叫刘艺欣的女人声称她拿着孙鹏的遗书，要求继承他的全部财产。还沉浸在丧夫悲痛中的周玉芳十分愤怒，这个破坏别人家庭的女人居然敢公然争夺财产！

周玉芳、孙鹏以及这个叫刘艺欣的女人，他们之间到底有怎样的纠葛呢？

周玉芳与孙鹏结婚五年，生活平静而知足。可是半年前，一个意外的电话打乱了这一切。

那天，儿子突然发高烧，玉芳急着要带孩子去医院，发现家里的钱不够，就给孙鹏打电话。上班时间，他的手机却是一个女人接的，她的声音很好听，还问："你是谁？"玉芳愣了一下，机械地回答："我是他老婆，孩子生病了。"那个女人淡淡地说："他去洗手间了，一会儿给你回电话。"

挂了电话，玉芳还没想明白，孙鹏就回电话了，他不耐烦地问玉芳："不是说过上班时候别打电话吗？"玉芳忙解释说孩子病了，去医院的钱不够。他语气稍微缓和了些，说："你先去医院，我马上就到。"

这一整天，玉芳一直在想这个奇怪的接电话的女人到底是谁，心如乱麻。从医院回家后，玉芳忍不住提出心里的疑问，可是孙鹏冷冷地说："不该你知道的你最好别问。"不善言辞的玉芳一时说不出话来。

晚上，满腹狐疑的玉芳辗转反侧，无法入眠的夜晚格外漫长。她想了很多，别人都说她嫁了个好丈夫，她当然不会忘记第一次见到孙鹏的情景。

　　五年前那个冬天，春节将至，一天晚饭后，邻居武婶来玉芳家串门，她毫不掩饰内心的激动，对玉芳妈妈说："我有个亲戚，她儿子想找个朴素能干的农村姑娘，小伙子挺棒的，名牌大学毕业，现在是市里的公务员。我第一个就想到咱家玉芳了。玉芳的模样、能力都不是夸的，虽然玉芳没上过大学，但我感觉他俩肯定有戏。马上春节，他们会来走亲戚，到时让玉芳上我们家玩儿，让他们年轻人先聊聊。"

　　武婶的话让玉芳挺不好意思，她觉得自己应该过两年再考虑婚姻问题。父亲三年前因为意外受伤失去劳动能力，身为长女的她不得不在老师和同学遗憾的叹息中放弃高考，与母亲一起挑起家庭的重担，抚养弟弟妹妹。经过三年的艰辛劳作，妹妹考上了大学，弟弟也升入了重点高中。周玉芳甚感欣慰。她也认定自己将像母亲一样，按部就班地在乡村生活下去。这时，武婶意外的牵线改变了她原本的生活设想。

　　玉芳妈妈没那么兴奋，她觉得一个城里小伙儿执意要找个农村媳妇，别是有什么问题，所以母女俩对武婶的牵线都没太上心，但第一次见面后又是不同的景象。

　　南方的二月，已是早春时节，那天玉芳正给武婶家的小孙女边梳小辫儿边讲故事，这时屋外一阵喧闹，接着传来洪亮的问候声，伴着武婶热情的招呼，一个挺拔的身影出现在屋里，这小伙子干净利落，玉芳扫了一眼又赶紧红着脸低下了头。这个小伙子就是孙鹏。

　　这次见面打消了玉芳妈妈心里的顾虑，又让玉芳变得忐忑，如此优秀的他能看上高中都没毕业的自己吗？玉芳觉得是自己单相思，可没过几天武婶兴奋地来说孙鹏特别中意玉芳。

　　果然一周后，孙鹏到玉芳家来了。落落大方的孙鹏很快和玉芳的家人们谈笑风生，家里好久没有如此开心了，玉芳被突然降临的幸福感动。吃过午饭，孙鹏提议说："我们出去走走吧。"

　　两人单独相处，气氛显然有些沉闷。玉芳努力寻找话题，但好像前言不

赌气结婚酿悲剧

搭后语。突然，孙鹏问了她一个敏感的问题："如果咱们结婚，你们家会要彩礼吗？"玉芳一愣，随即羞红了脸，她说："这才刚认识，就提结婚，太早了吧？"可孙鹏却说："我认为应当先成家后立业，但是我刚工作不久，而且结婚是两个人的事，女方家里动不动要高额彩礼是传统陋习……"说着说着，孙鹏有些激动，玉芳赶紧附和他说："我也觉得只要人好，别的都不重要。但是……"玉芳还没说完，只见孙鹏突然停下来，眼里闪着兴奋的光芒："我就说我能找到和我有一样想法的姑娘。走，跟你爸妈提亲去。"

当年的端午节玉芳和孙鹏就举办了婚礼。婚后玉芳随孙鹏一起来到市里生活。孙鹏的单位分了房，婚后又添了一辆车。一年后玉芳生下儿子。靠着他们时常的资助，玉芳的弟弟妹妹都先后完成了学业，有了不错的工作。

每当玉芳带孩子回娘家时，大家都夸她嫁了个好丈夫，可是在大家羡慕的赞叹中，玉芳心里却别有一番滋味，婚姻的感受只有自己知道。

婚后，孙鹏借着同事的故事暗示过，他特别讨厌妻管严，反感女人查老公的岗。他自己掌管工资卡，每月定期给玉芳生活费。

更让玉芳不安的是两人缺少交流。孙鹏在家时总是一副神不守舍的样子，除了有限的家务琐事，两人似乎没有对话。孙鹏工作不是太忙，但下班后总和朋友喝茶、下棋，常不在家。玉芳觉得自己学历低，不免有些自卑，所以尽量在生活上多关心他、家务上多承担。特别是儿子出生后，玉芳大部分时间在照顾孩子，在别人羡慕的目光里，玉芳觉得自己应该对这样的婚姻很知足，但她偶尔还是会感到不安。

今天这个电话让玉芳心神不宁，听到孙鹏酣睡的呼吸声，她悄悄地拿起了他的手机，躲到厕所里翻看，这一看，玉芳崩溃了。手机里电话记录、短信、微信、相片、视频都和一个叫艺欣的女人有关！玉芳浑身颤抖，捂住嘴，泪水像决堤的河流一般汹涌而下……无法平静的玉芳揪起熟睡的孙鹏，要问个究竟，结果她问出来的真相再一次给了她沉重的打击。

孙鹏强调这个叫艺欣的女人不是第三者，而是他的初恋，当初他们是因为误会而分开。

　　孙鹏说，他和刘艺欣是高中同学，还一起考入同一所大学，两人可以说是青梅竹马，感情深厚。大学毕业没多久，刘艺欣发现自己怀孕了，孙鹏兴高采烈地去艺欣家提亲去了，却碰了一鼻子灰，他们的婚事遭到了艺欣母亲的强烈反对。

　　艺欣知道妈妈希望自己找个富裕的男友，所以一直不敢告诉妈妈自己已经和家境一般的孙鹏情定终身。当艺欣告诉妈妈自己有男友且怀孕后，先是猝不及防地挨了一记耳光，当得知孙鹏家境略显寒酸时，艺欣妈妈更是气得顿足捶胸，说如果孙鹏家拿不出 30 万元的彩礼，这婚别想结，还要让艺欣把孩子打掉。

　　30 万元彩礼在当地可不是小数目，这件事在当地迅速传播得人尽皆知，艺欣怀孕的事也不胫而走，这桩婚事最后是否能成，成了大家茶余饭后的谈资。

　　开始孙鹏觉得他们有深厚的感情基础，婚事不会被彩礼给耽误了。可是任凭孙鹏和他的父母几次登门，艺欣妈妈非但没有松口，反而给定了最后期限，她说艺欣的肚子不能等，半个月后，孙鹏还没拿出 30 万元彩礼来，她就让艺欣去打掉孩子。

　　最后倔强的孙鹏火了！他拂袖而去，说："半个月内，我不会再登门，你们看着办吧。"半个月一晃过去了，孙鹏没有等到好消息，而且听艺欣妈妈说女儿已经流产了。他冲过去，问艺欣她妈说的是不是真的。艺欣默默地点头，孙鹏愤怒地吼道："钱有那么重要吗？你们难道是为了彩礼才结婚的吗？我告诉你，我就找个不要彩礼的给你们看！"说完，他摔门而出，全然不顾在后面追赶的艺欣。

　　玉芳终于明白，为什么当初大学毕业的孙鹏偏要娶个农村媳妇，为什么当初孙鹏坚持不给彩礼，为什么婚后孙鹏对她很冷淡，这一切都是因为他在和初恋女友及女友的妈妈赌气。

　　但是玉芳认为，既然孙鹏和自己结了婚，就不应该再和艺欣纠缠不清，艺欣更不应该再来破坏他的家庭。可是孙鹏说，事情没有那么简单。

就在孙鹏和玉芳婚后不久，艺欣妈妈突然来找孙鹏，希望他去医院看一下艺欣，因为艺欣刚在医院接受引产手术，发生意外，引发大出血，经过抢救，终于保住了性命。

孙鹏蒙了，艺欣不是早已流产了吗？怎么现在刚做引产？还差点丢了性命！孙鹏急切地奔到医院，看到病床上虚弱的艺欣无声地流泪，他痛心地质问艺欣妈妈："你是为了要彩礼钱，骗我说孩子没了，对吗？你就只认得钱！"艺欣妈妈哭着辩解："不是的，当初我也是被骗了。"

原来，当时看到妈妈非要孙鹏拿30万元的彩礼，艺欣也想治一下妈妈的脾气，所以骗她说自己已经流产了。孙鹏当着妈妈的面质问自己时，她也没说出实情。当孙鹏气愤地摔门而去时，她想暂时不告诉他也好，效果更真实些。这样，孙鹏就不会太有压力，这样，随着时间的推移，妈妈肯定会同意他们的婚事的。后来妈妈发现孩子没打掉时，果然把她臭骂了一顿，但为了不丢面子，她仍然不许艺欣主动联系孙鹏，必须要孙鹏再上门提亲，才好就坡下驴。

可是左等右等，一晃三个月过去了，眼看艺欣的肚子越来越大，孙鹏仍然没有一点音信，沉不住气的艺欣妈妈一打听，才得知孙鹏已经结婚。

这下艺欣慌了，要去找孙鹏，却又被妈妈拦住了。妈妈说："孙鹏既然已经娶了别人，这个孩子更不能要，不然以后你怎么嫁人啊。"于是她安排艺欣到医院做手术，可现在肚里的孩子月份大了，只能做引产手术了。不料手术中出现意外，艺欣一度面临生命危险。经过抢救，终于保住了性命，但是艺欣却再也无法生育了。醒来的艺欣特别想见孙鹏，所以妈妈才去把他找来。

握着艺欣的手，孙鹏流下眼泪，说："你怎么那么傻呢？你为什么骗我把孩子打掉了呢？我以为你放弃了，才赌气娶了别人。你为什么不告诉我，直接来做引产呢？我怎么会放弃你和孩子呢？"

两人泪如雨下，艺欣说："经历这次险境后，真觉得人生无常。"她求孙鹏不要离开她，而孙鹏毫不迟疑地连连点头，并承诺会永远照顾她。

与艺欣和好后，孙鹏很想回去向玉芳坦白，求得她的理解与原谅，请她和自己离婚。恰恰这时传来了玉芳怀孕的喜讯，看到善良的玉芳满怀欣喜的样子，孙鹏又犹豫了，现在和玉芳离婚，他将再一次失去自己的孩子。就这样，孙鹏也没有与玉芳离婚。

孙鹏转而告诉艺欣，玉芳和孩子都是无辜的，他不能离婚，否则可能也对玉芳造成伤害。他不能给艺欣一份完美的婚姻，但发誓对她一心一意，将呵护她一生。

出院后，艺欣和孙鹏开始了半同居的生活。在同一个城市里，孙鹏兑现了他对艺欣的承诺。孙鹏为艺欣贷款买了一套房屋，但由于购房资格问题，房屋登记在艺欣表姐的名下。孙鹏的工资卡除了每月给玉芳留下必要的生活费，其余都由艺欣支配。

孙鹏觉得自己把婚姻给了妻子玉芳，把爱情给了初恋情人艺欣，他在两个家之间周旋。双份的家庭生活，孙鹏幸福吗？不，他最大的感受是辛苦！虽然他和艺欣两情相悦，但的确名不正言不顺。虽然玉芳单纯贤惠，很少干涉他的行踪，但他还是有无形的道德与责任压力。他忐忑不安，不知一旦事情败露，会引发怎样的风波。

这样提心吊胆的日子持续了近三年，终于因为妻子玉芳的电话被艺欣接到，而使这个秘密被揭露了。孙鹏知道，艺欣应该是故意接电话的，这些年，她从来不会替他接手机。显然她也不想这样名不正、言不顺地持续下去，如今挑明真相后，两个女人之间的较量日益激烈，孙鹏觉得自己像一根紧绷的弦，每天都精神紧张。三个人之间的纠葛，必须有个了结。

几经权衡之后，孙鹏尝试向玉芳提离婚，他说可以不要任何财产，孩子的抚养问题也听玉芳的意见。他说他们之间没有爱情，只有亲情。而想到因为误会和冲动，艺欣永远失去了做母亲的能力，他充满愧疚。希望玉芳能成全他和艺欣，成全他守护爱情的誓言。

这对玉芳来说是雪上加霜。所有人都羡慕她拥有一桩好姻缘，可是谁能知晓她在婚姻中低入尘埃的乞求姿态？她也曾想靠自己的努力创造更好的生活，可是家庭的变故和身为长女的责任，让她被迫放弃追求。当初有人说门不当户不对的婚姻必会艰辛，玉芳想通过自己的真诚和付出经营好这个家，但是丈夫心系别人，还求自己成全他的爱情，玉芳的心情怎能平复？

虽然孙鹏振振有词表示自己不是见异思迁、忘恩负义的陈世美，他是出于对艺欣的感情和责任才作出这样的决定。但是玉芳反驳："难道你对我和孩子就没有责任吗？你要离婚去成全你们的感情，就可以丝毫不顾忌我的感受、我家人的感受、孩子的感受吗？为什么你对我们如此薄情寡义？刘艺欣是成年人，她当初瞒着你去做手术，就应当后果自负。现在她要你抛妻弃子，去对她负责，这是自私！"

玉芳坚定地说："我可不愿意看到我的孩子生活在一个不正常的家庭。我是绝不会同意离婚的。"

之后她除了像以往一样任劳任怨地操持家务之外，开始严密过问孙鹏的行踪，这种压抑的平静给孙鹏增添了更大压力。

这样的局面无法长期持续了。孙鹏的母亲得知儿子为了艺欣要和玉芳离婚，无比坚决地反对。她说她永远也忘不了，当初她和孙鹏父亲老两口上艺欣家提亲时，艺欣妈妈对他们的羞辱。为此，孙鹏的爸爸一病不起，多亏玉芳的悉心照顾，病情才得以稳定，有所好转。她告诫儿子如果再和艺欣来往，就断绝母子关系，她只认玉芳这个儿媳。

母亲的责骂让孙鹏羞愧难当，连日来郁郁寡欢的他想不通，他和艺欣本是情投意合，两情相悦，怎么自己就变成了大家眼里不仁不义的人。

这边，艺欣得知孙鹏离婚不顺利后，也开始着急了。那天她是故意接玉芳电话的，她不想继续和别人分享同一个男人。她认为自己和孙鹏的感情真挚深厚，彼此忠贞不渝，应该白头偕老。虽然她对玉芳也有愧疚，但她和孙鹏的感情深厚，玉芳在这段感情里是多余之人。但是孙鹏的犹豫不决让她看不到希望，毕竟玉芳是合法妻子，他们还有一个可爱的孩子。孙鹏会不会放弃自己？她惴惴不安，于是决定伺机打破这个僵局。

可是没想到孙鹏离婚的阻力这么大，艺欣感觉天平渐渐向玉芳倾斜，她日益焦虑。她说，当初如果不是双方父母都那么固执，又怎会变成今天这个局面，难道都是她的错吗？她控诉孙鹏背信弃义，威胁他再也别来她这里了。

面对几近崩溃的艺欣，孙鹏不忍心责怪她打破平静的局面。为了安抚她，孙鹏除了再三许诺为她终生守候之外，还给她写了一张100万元的欠条，又写下一份遗嘱，说把全部的财产留给艺欣，这才让她平静下来。

这一天，孙鹏早早地从艺欣那里出来，他独自在河边游荡，夕阳下，一个孩子在和父亲嬉戏玩闹，后来父亲招呼孩子："回家吧，你妈妈该做好饭等我们了。"望着这对父子欢快回家的背影，孙鹏心里升腾起难以抑制的悲怆与绝望，回家吧，他该回哪个家？这么久以来，自己看上去有两个家，最后却变得无家可归。刚才他写遗嘱的时候，真有种要向这个世界道别的感觉，突然，他觉得自己的离开可能会让这场纷争停止……

次日早上，晨练的人们发现水面上有漂浮的尸体，经过法医鉴定，正是溺水而亡的孙鹏，警方认定孙鹏为自杀。

孙鹏的死并没有让两个女人之间的较量就此了结。艺欣连参加他葬礼的资格都没有，现在她住的房子还有贷款，她无力偿还，日后的生活也没有着落。她找玉芳商量，希望能分到一些孙鹏的财产。玉芳骂她厚颜无耻，所以她拿着孙鹏写给她的遗嘱，到法院起诉了。

她的主张能得到法院的支持吗？

律师说法>>>

根据《中华人民共和国继承法》的规定，遗产继承的方式分为遗赠扶养协议、遗嘱继承，遗赠、法定继承四种方式，在这4种继承方式中，遗赠扶养协议的效力最高，其次是遗嘱继承和遗赠，效力最低的是法定继承。遗嘱的效力的确高于法定继承，但有一个前提，就是这遗嘱必须是合法有效的。

那什么样的遗嘱才是合法有效的呢？

有效遗嘱必须符合《中华人民共和国继承法》及《中华人民共和国民法通则》的相关规定，概括起来，有以下四点：（1）立遗嘱人必须具有完全民事行为能力；（2）遗嘱内容必须要表示遗嘱人的真实意思；（3）内容不得违反法律损害国家，集体的利益；（4）遗嘱应当为缺乏劳动能力又没有生活来源的继承人保留必要的遗产份额。

凡违反《中华人民共和国继承法》第十九条、二十二条及《中华人民共和国民法通则》的有关规定的遗嘱无效，部分违反，部分无效。

法条链接>>>

《中华人民共和国继承法》

第十九条　遗嘱应当对缺乏劳动能力又没有生活来源的继承人保留必要的遗产份额。

第二十二条　无行为能力人或者限制行为能力人所立的遗嘱无效。

遗嘱必须表示遗嘱人的真实意思，受胁迫、欺骗所立的遗嘱无效。伪造的遗嘱无效。

遗嘱被篡改的，篡改的内容无效。

《中华人民共和国民法通则》

第七条　民事活动应当尊重社会公德，不得损害社会公共利益，扰乱社会经济秩序。

第五十八条　下列民事行为无效：

（一）无民事行为能力人实施的；

（二）限制民事行为能力人依法不能独立实施的；

（三）一方以欺诈、胁迫的手段或者乘人之危，使对方在违背真实意思的情况下所为的；

（四）恶意串通，损害国家、集体或者第三人利益的；

（五）违反法律或者社会公共利益的；

（六）以合法形式掩盖非法目的的。

在本案中，虽然孙鹏生前写有遗书，将全部财产留给艺欣。但是，《中华人民共和国婚姻法》规定的夫妻之间应当互相忠实，婚姻关系存续期间，孙鹏与艺欣非法同居，违背了夫妻间的忠实义务，有违社会公德，孙鹏所立遗嘱损害妻子的合法权益，违反了法律的原则和精神，故遗嘱应认定为无效。

面对这样的结果，艺欣不甘心，她又拿出了孙鹏写给她的 100 万元的欠条，主张应当从孙鹏的遗产中得到偿付，但是她不能提供这 100 万元款项实际支付的凭证，该借款关系的真实性未得到法院认可。另外，孙鹏为艺欣购买的房子，因为登记在她表姐名下，无法确认为遗产范围，因此不在继承案件中处理，玉芳可以另行主张。

律师点评>>>

选择需要勇气，放弃也需要勇气。面对感情优柔寡断、左右摇摆、拖泥带水终将害人害己。

一个成熟理性的人，面对关系自己和他人幸福的婚姻大事时，不能任性妄为，意气用事。当初孙鹏因为和女友妈妈赌气而与玉芳结婚，这既未顾及玉芳的幸福，也未考虑女友的感受。多年以后，当他对女友艺欣充满愧疚，面对感情与责任的纠结时，他的犹豫让两个女人都深受伤害，自己也饱受折磨，最后以自我毁灭来逃避选择。他的离世也不能阻止纷争，他的妻子没有得到幸福的婚姻，他的真爱也没有得到合法的名分和保障。在日后漫长的岁月里，这两个女人该如何回忆他，评价他？

爱与不爱，都应尊重别人，敬畏法律。

情色诱饵

关键词 善意取得制度

临近中午，小饭店老板周明和领班杨丽正在做营业的准备工作，突然伙计小李跑来，喊道："老板，不好了，老板娘来了！"只见领班杨丽迅速起身，想躲去后厨。此时，一个女人大喊一声："站住！"这个女人是老板娘王慧。

周明迎上前说："你不在家休息，怎么上这儿来了？小李去忙你的吧。大家都去忙吧。"

王慧叫住了准备离去的杨丽，上下打量。杨丽心里直发毛，往日的神气都藏了起来，一副唯唯诺诺的样子。王慧问："这姑娘之前没见过啊？""这是我们新招的领班，"周明解释，"很能干！她来了之后，店里生意好多了，我也轻松多了。"

"领班？什么时候招的，来多久了？怎么没听你提过？既然你现在轻松多了，怎么还说店里太忙，连家都不回了？"王慧这一连串的追问，让周明意识到自己说错话了，他支支吾吾，答不上来。

王慧这是干吗？领班杨丽又有着怎样的来历呢？一切都是有原因的。

十年前，周明和王慧双双下岗。为了生计，他们向亲友东拼西凑了几万元，开了一家餐馆。经过几年的积累，生意大有起色。2009 年，他们花了100 万元买了一套新建的三居室，过上了不错的生活。可此时，王慧却患上了糖尿病，从那以后王慧基本就在家做些家务，很少去店里，生意由周明一个人操持。

生意总得亲力亲为，周明也甚觉疲劳，于是他决定效仿大酒店招个领班。不料招聘启事刚发出去没几天，就生出一段奇缘。

那天下着雨，店里的客人寥寥无几。伙计小李跑来说："老板，有个客人吃完了却说没带钱，怎么办啊？"他跟着小李到前面，只见那里坐着个20岁出头的小姑娘，看到周明来了，她连忙站起来，说："您就是老板吧，真不好意思，我出门时明明是带了钱，可是现在怎么都找不到了。要不明天我给您送来？"这小姑娘，面容秀丽，衣着整洁，落落大方，不像是吃霸王餐的。周明说："算了算了，明天你爱送不送，走吧。"

次日是周末，晚饭时客人特别多，正忙得晕头转向时，那姑娘真来了，看到周明忙得焦头烂额的样子，她乐了："老板，要不我也不给钱了，给你帮忙吧，就当抵了饭钱。"小姑娘说她叫杨丽，是来投奔老乡的，可那老乡离开了北京，她变得无所事事。她说她在老家做过饭店的领班，也看见了周明前两天刚贴出去的招聘领班的启事。这可不是巧了吗？

杨丽很快就成为周明的得力助手，经常陪周明守到凌晨一两点店里打烊。周明不放心她一个人回去，每次都要送她。一天，夜色中，杨丽轻轻地说："我永远待在周大哥身边好不好？"这话隐含的意思着实让周明心里一动。

日子长了之后，周明明显感觉杨丽对自己有意思，于是周明试着给她买了一些小礼物，她都没有拒绝。当他试探性地问起杨丽要找一个什么样的男朋友时，杨丽更是大胆地表白："我从小就想找一个像周大哥这样的。"周明没想到人到中年还有如此艳遇，他的热情立刻被激发。渐渐地两人越走越近，经常一起吃饭、看电影，俨然是一对热恋的情侣。

杨丽强调自己不图名分不图利，只想找个依靠。这让周明发自内心地感动，觉得世界上再没有这样的好女孩。周明常以饭店生意很忙，太晚回来又怕影响王慧休息为由，干脆住在店里。随着两人感情升级，就同居了。当然，这些周明都是瞒着妻子王慧的，就这样，两个月的时间一晃就过去了。

没有不透风的墙，时间一长，风言风语传到了王慧那里。这天她突然来到饭店看个究竟，让周明措手不及。

这一趟，王慧没抓住什么真凭实据。接下来几天周明都老老实实地回家，对王慧也百般殷勤。王慧还是心存疑虑，几次袭击式地出现在店里，但见杨丽做领班挺卖力的，店里的工作井井有条，王慧没抓住什么把柄，也不好说什么，但背地里的侦察工作也在加紧。

为打消王慧的疑心，周明主动说："既然你不喜欢那个领班，我就开除她重招一个吧，大不了我自己多辛苦些。"王慧听他这么说稍感欣慰，老公还是很在意自己的，应该可以放心吧。

从那以后杨丽真的从店里消失了，周明真的把她开除了吗？当然不是，周明是在外面租了个房子，金屋藏娇。如此一来，店里没领班了，周明更有理由不回家了。

周明就这样偷偷摸摸地和杨丽私会。这日子幸福得就像做美梦，但周明心里总有些忐忑，哪里不妥又说不出来。不久，杨丽对周明说："有个老乡说能帮我办理北京户口。他说，只要我名下有套北京的房子就能落户。"周明心里咯噔一下，暗想："这是找由头让我给她买房吧，真把我当大款啊，我索性明说，断了她的念想。"于是周明果断地说："唉，北京房价这么高，我也不是有钱人，真没钱给你买房，委屈你了！"

不料杨丽跳起来说："你把我当什么人啊！要是图钱，我为什么跟你好啊！你居然这样看我，太让我失望了！"杨丽这么说倒让周明很过意不去，他赶紧哄杨丽："小乖乖，是我错怪你了，别生气了。要我怎么补偿你？你说吧！"杨丽噘着嘴说："要不这样吧，你把你的房子先过户到我名下，等我落完户口之后，我再把房子过户回去，这样不就解决问题了吗？"没想到杨丽会想出这个办法，周明心里还是犯嘀咕，找个借口把话题岔开了。

接下来几天杨丽总是追问什么时候去办过户，每次周明都顾左右而言他。杨丽生气了："你要不相信我就直说！我一个人在北京漂着，最想要个北京户口，这样多踏实，比起买房，这个办法就是花一点过户税费。你不是怕花钱，是你在防着我！"话还没说完，就呜呜地哭起来。

看杨丽哭得那么伤心，周明很过意不去。她说的话也合情合理。毕竟人家年纪轻轻就跟着自己，自己要不帮她还真过意不去。可是周明总担心会出什么意外，妻子王慧也盯得紧，万一有个闪失，自己可没法向家里交代。

正当他为难之际，杨丽突然抬头说："好，你不仁就别怪我不义！我找你老婆去，把你我之间的事都告诉她，让你两头都不落好，然后我们一拍两散！"说完，拿起周明的手机就要给王慧打电话。周明赶紧抢下来，说："我的小祖宗，我又不是不同意帮你办，但你容我想想还不行吗？我不就是怕老婆万一问起来，我得想好说辞嘛！"

见到周明松口了，杨丽说："这还不好办？我给你打个100万元的欠条吧，万一你老婆问起来，就拿那欠条给她看，说你为了以防万一，让我写了欠条。我如果不把房子还你，你可以问我要钱啊。"杨丽连对策都想好了，周明更没有推辞的理由了，这样折腾了一个晚上，迫于压力，周明终于答应了。次日，两人找到房屋中介，在中介的帮助下顺利地办理了房屋过户手续。之后杨丽执意塞给周明一张100万元的欠条。周明嘴上说这欠条无所谓，但他还是多了一个心眼，说不定这张欠条真会成为自己的保障，他小心地把欠条保存起来。

接下来，杨丽对周明更加体贴。周明备感幸福，心里暗暗发誓一定要好好珍惜这段来之不易的情谊，但也催着杨丽抓紧把户口落了，自己好把房产收回，免得夜长梦多被老婆发觉。

这天，杨丽说得回趟老家，办户口迁移手续，周明把她送上了火车。杨丽刚离京那两天，两人还有联系，可是几天之后，杨丽的电话一直关机。不祥的预感渐渐涌上周明的心头，正当他忐忑不安时，有人敲响了他家的门。

敲门的是一位年轻男子，手里拿着一个房产证自称这是他的房子。王慧接过房产证一看就慌了，不会吧，真的是自己房子的地址，这是怎么回事啊？他赶紧拨打了"110"。

这时，周明发现他见过这个小伙子。前两天房屋中介敲周明家的门说，楼上要租房子，但房主临时不在家，他想让客户看看周明家的户型作参考。周明没多想同意了。后来就看见一个中介人员带着这个小伙子来家里看了看。

周明问他说："你不是租楼上的房子吗，怎么会有我们家的房产证？"小伙子直嚷嚷："谁说我租房？我是买房子的啊！看房时你在呀！卖房的叫杨丽，不就是你老婆吗？"

一听杨丽这个名字，王慧火了，质问："周明是不是你干的好事？和那小丫头算计我？"周明百口莫辩，满肚子的怨气无法宣泄，他指着这个叫秦勇的小伙子大骂："你个骗子！你是和杨丽合伙来骗房子的。"而秦勇说："你们才是骗子呢，我怎么这么倒霉，全家掏空钱包买了这套房，你们卖了房子还不认账！还骂人，讲不讲理啊？"

很快，秦勇把周明一家告上法院，要求他们腾房。周明的房子还保得住吗？

收到诉状，王慧甩到周明的面前，说："看看你做的好事！你葫芦里卖的什么药？是不是打算甩了我这个包袱，所以先转移财产？"周明连忙辩解："不是你想的那样。"他结结巴巴地解释："杨丽说办北京户口，需要有套房落户。她说落完户就把房子再还给我。我觉得给人家帮个忙，对自己没什么坏处。你看，我也怕出纰漏，让她打了个100万元的欠条。万一房子卖了，咱有这欠条，怕什么！"

两口子吵架归吵架，可这房子当然是舍不得给别人的。这该怎么办呢？咨询过律师之后，王慧提出了诉讼，要求确认秦勇和杨丽的购房协议无效。她的理由是，未经自己同意，周明擅自把本是夫妻共同财产的房子过户给杨丽，且杨丽未实际支付购房款，他们之间的过户无效，杨丽不是该房屋的合法所有权人，无权处分房屋，她和秦勇之间的买卖合同也无效。希望法院驳回秦勇要求腾房的请求，让秦勇找杨丽要钱去。

可买房人秦勇却说："我是善意第三人，我是善意取得！我通过中介买的房，按市场价支付了购房款，也拿到了房产证。不管杨丽是怎么得来这房子的，跟我没关系！"

那么，到底谁的主张能得到法院的认可？秦勇说的善意取得是什么意思呢？善意取得的法律后果是什么呢？

律师说法>>>

善意取得，是指无权处分他人动产或不动产的占有人，不法将动产或不动产转让给第三人以后，如果受让人在取得该动产时出于善意，就可以依法取得对该动产或不动产的所有权，受让人在取得动产或不动产的所有权以后，原所有人不得要求受让人返还财产，而只能请求转让人（占有人）赔偿损失。

我国司法实践承认一定情形下善意第三人可基于善意取得制度取得财产所有权。由于善意取得制度要发生原所有人的所有权消灭，而受让人取得所有权的法律效果，因此，法律明确规定了善意取得的构成要件。

法条链接>>>

《中华人民共和国物权法》

第一百零六条　无处分权人将不动产或者动产转让给受让人的，所有权人有权追回；除法律另有规定外，符合下列情形的，受让人取得该不动产或者动产的所有权：

（一）受让人受让该不动产或者动产时是善意的；

（二）以合理的价格转让；

（三）转让的不动产或者动产依照法律规定应当登记的已经登记，不需要登记的已经交付给受让人。

受让人依照前款规定取得不动产或者动产的所有权的，原所有权人有权向无处分权人请求赔偿损失。

当事人善意取得其他物权的，参照前两款规定。

由此可见，适用善意取得必须同时符合以下条件：（1）受让人取得财产

情色诱饵

是出于善意的;(2)受让人以合理的价格有偿取得;(3)标的物已完成交付,不动产已登记过户,动产已实际交付。

上述三个要件中,实践中最容易出现争议的是受让人取得财产时是否出于善意。善意,与恶意相对称,指不知情。善意是人的主观心理活动,不显于外部,难于猜测。在司法实践中,对善意的确定一般适用"非恶意即善意"的推定方法,推定时应考虑到当事人交易时的综合因素,如交易价格、交易渠道、交易过程等。实践中出现过,真实的购房人在不知情的情况下购买了无权处分人擅自出售的房屋,在交易过程中,又以阴阳合同来逃避税费,致使购房人无法证明自己支付了合理对价,最终导致购房人虽然取得了房产证,但无法适用善意取得制度获得房产,房屋买卖被认定为无效,购房人只能找无权处分人要求赔偿。

结合本案的情况,虽然杨丽取得房屋产权存在瑕疵,但是没有证据显示买房人秦勇知道或应当知道该瑕疵。秦勇通过房屋中介,经过了看房程序,以市场合理价格购买房屋,并办理完成了房屋过户登记,符合法律规定的善意取得的构成要件。

最终法院判决,秦勇依法取得房屋所有权,王慧的损失可另案向杨丽与周明主张赔偿。

王慧眼睁睁地看着房子被秦勇收走,她不得不离开自己苦心经营的家。她指着周明大骂:"都怪你鬼迷心窍!那害人精躲哪儿去了?你不把她找出来,把钱要回来,就别再进这个家门!"

秦勇和杨丽到底是不是一伙的?杨丽到底在哪儿?周明现在恨不得挖地三尺把她找出来。可是她的电话一直关机,上哪儿去找她呢?苦思冥想,周明想起杨丽给他看过的迁户口的复印件,找到后他拿去派出所查询,民警说这些都是假的!杨丽根本不可能把户口迁入北京,甚至那身份证也是假的,那个身份证号码对应的姓名既不叫杨丽,照片和她也是两个人。也就是说,周明手里的那张欠条就是废纸一张！原来周明的小情人真是个骗子！周明只能报警了。

警察能帮周明挽回损失吗？周明连这个女人的真实姓名都不能提供，人海茫茫，从何入手呢？警察先找秦勇了解情况。法院不是已经判决了说秦勇是善意第三人吗？警察为什么还要找他？他是否有与杨丽合伙诈骗的嫌疑呢？

警察通过调查觉得他这房子买得很蹊跷，这里面一定有文章。警察详细询问他交易过程。秦勇说自己准备结婚，通过房屋中介四处看房子，不是价格太贵就是房子不满意。正发愁时，中介人员张鹏打电话，说刚出来一套好房子，为了把机会给他留着，还没把房源信息发布到公司网上，让他赶紧来看。看房时，张鹏特意交代，看房时别问东问西，不好还价，你一言不发，房主心里才没底呢！而且此事是女主人做主，她比较好说话。果然秦勇看房时什么也没说。

之前，张鹏对周明说，是借他的房屋看一下房屋格局，为楼上租房提供一个方便。这么两头糊弄着看了房，秦勇对房子很满意，价格比市价略低，于是就签约购买了，并交了全部房款给房主杨丽。过完户收房时惹出纠纷，也是张鹏告诉自己可以通过诉讼让他们腾房的。

警察经过核实，确定秦勇说的是事实。如此说来，这个叫张鹏的中介有重大嫌疑！没有他的帮助，杨丽不可能完成这场诈骗！于是，警察找来了张鹏。

果然，面对警察的盘问，张鹏支支吾吾。当警察说你现在涉嫌上百万元的诈骗时，他吓傻了！他哭诉："警察同志，我也是被骗的啊！"

这天张鹏正准备锁门下班，一名自称叫杨丽的女子来咨询，说她刚和前夫离婚，房子归自己了，可是前夫就是赖着不搬家，自己也不想跟他纠缠了，索性卖房拿钱走人请张鹏帮她把房子卖出去。张鹏说："假如房子卖了，但你前夫要是占着不搬，这买房人不是很倒霉吗，还得要人腾房。这种事我不干。"可是杨丽楚楚可怜地哭诉前夫多么可恶，自己多么不容易，多么想快点拿到钱好重新生活。张鹏动了恻隐之心，杨丽又说："房子真是我的，我

情色诱饵

159

有房产手续，我卖房子是合理合法的你怕什么？再说了，哥，我价格可以便宜一点，这样买房人也不吃亏。咱不走公司流程，我私底下可以给你成交价的 10% 作为佣金。10%！那可是十多万元啊！张鹏心动了，可是能行得通吗？他还在犹豫之际，杨丽拉住他的手说："哥，咱俩投缘，我知道你一定会帮我的。"说完她楚楚可怜地看着张鹏，她的眼神，让张鹏慌乱。确认杨丽的房产证的确没问题后，他还是答应了。

在他的卖力忽悠下秦勇上钩了。张鹏说这房子的价格本身就合适，还不在公司的房源之中，可以替他省不少中介费呢，条件就是不能贷款，得一次性付全款。这样秦勇掏空了双方父母的积蓄加上向亲友举债，终于凑够了房款。

秦勇收不到房时也找他闹过，他鼓动秦勇去诉讼，好在秦勇赢了官司，也不再追究了。可是收完房款之后，这个杨丽就联系不上了，她许诺给张鹏的 10% 的佣金也泡汤了，他觉得自己被她骗了。

没想到警察说杨丽是骗来的房产，还说自己可能是同伙，这可把张鹏吓得不轻，他马上一五一十地把经过全说出来，以证清白。事情交代清楚，他的工作也丢了。张鹏也是被杨丽利用的，难道线索就断了吗？

不，细心的警察分析，虽然杨丽可以通过假的身份证办理买房和卖房的全部手续，但她一定会找一个银行账号来收钱。果然，秦勇反映，按照杨丽的要求，当初他把大部分购房款付到一个叫李梅的账户里。调取李梅的身份信息后，经过辨认，这个叫李梅的女人正是周明的小情人杨丽！

一场抓捕行动正在部署。

西北某县城里，正在举行一场热闹的婚礼，宾客们都夸新人郎才女貌。这时，警察突然出现了。警察径直走到新娘前面，说："李梅，你涉嫌诈骗，请你配合调查。"大家一片哗然，新郎官蒙了，忙说："警察同志，你们是不是搞错了，她不叫李梅！"

这是怎么回事啊？是警察抓错人了吗？

新郎名叫钱进，事业小成，35 岁了却一直单身。因为小儿麻痹后遗症，他左脚有点跛，总被姑娘嫌弃。半年前他刚买了一辆自动挡的进口汽车，又换了一个大房子。后来突然交上桃花运，一场意外的交通事故，让他遇见期待已久的知心爱人——吴梦影。当时刚启动汽车的钱进剐倒了从路口冲过来的吴梦影，吴梦影幸无大碍，一来二去，两个人产生感情，很快就谈婚论嫁了。一个月前，两个人就确定把婚事给办了。可是领结婚证又遇到了些问题，吴梦影家里一时不能提供户口本，还领不了结婚证，可是这婚期已经定了，于是，他们决定先举行婚礼。婚礼上高朋满座，没有想到警察突然到来。

这时，周明冲上台抢过司仪手里的话筒，把杨丽如何骗他的房产又如何卖房后卷款逃走、害他一家流离失所的事全抖出来。在他的斥责下，新娘无可辩驳。

这个吴梦影正是失踪的杨丽，她的真实姓名是李梅。自 2006 年到 2011 年，5 年中她多次化名为林凡、刘倩等，假装不谙世事，年少单纯，打着真爱的幌子，骗得多名已婚男士的信任，再以各种理由骗取钱财。她就是抓住已婚男士发现上当也不敢声张的弱点，屡屡得手。钱进是她新定的一个目标。其实，那场车祸，原本就是她精心策划的，她已经了解到钱进的经济状况，虽然他是单身，但他面临择偶困境，应该会很容易得手。在她的精心策划下，一切都如她所愿，正在她胜利在望时，没想到警察及时出现在婚礼上，让她所有的算计都功亏一篑。

经过法院的审理，认定李梅以婚恋为名诈骗钱财，累计金额 200 多万元，其行为构成诈骗罪。而为了把自己包装成一个都市丽人，她花钱租了高档公寓，疯狂地购置了许多名牌的衣服和配饰，就是为了取得钱进的信任。她骗取的案款大多被挥霍一空，无法退赔，造成被害人无可挽回的经济损失，综合这些因素，李梅被依法判处有期徒刑 10 年。

人找到了，可是周明依然钱房两空。伤心的王慧不能原谅周明对自己的背叛向法院提出离婚，法院认定周明是导致夫妻感情破裂的过错方，应当承担相应的赔偿责任。在财产分割时，法院把那个饭店也分给了王慧。就这样，房子没了，店也没了，家也散了，周明最终两手空空。

律师点评>>>

李梅自作聪明，想利用青春快速赚取大量的钱财以满足自己的物欲，可是她10年的青春将在牢狱中度过。类似以婚恋为幌子的骗局长盛不衰，各种套路层出不穷。我们常感叹，从事诈骗活动的犯罪分子，不论学历高低，不论骗术是否高明，他们都善于利用人性的弱点。

另外，所有的骗局都有迹可循，在一个成功的骗局里，貌似施骗者与被骗者是对立的双方，但实际上双方存在一定程度的心理"共谋"。李梅之所以锁定妻子患病的周明为对象，确定身有缺陷、婚恋受挫的钱进为目标，都是经过精心筛选和比较的。在他们身上，李梅找到可以达成"共谋"的弱点。每个骗局里都有从常识看来根本不正常、无法理解的情节，但是人性的贪欲总让受骗者视而不见，执迷不悟。所以，已婚的周明面对婚外恋情的诱惑，忘记了对婚姻家庭的责任与义务；婚恋失意的钱进被意外恋情的喜悦冲昏头脑，忽视了了解对象真实情况的必要性。

总而言之，绝大部分骗局的落脚点就是金钱与财富，天下没有免费的午餐，一旦涉及钱财交易，一定要格外慎重。

万元红包送错人

关键词 精神损害抚慰金　不当得利

2016 年 1 月的一天，腊月二十九一大早，前一天刚举行婚礼的梁俊甩着一个大红包，质问新娘何佳："你说说，到底是你哪个有钱的同学，一出手就是 2 万元，还少一块钱，19999，要天长地久啊，和谁啊？还不署名，怕谁知道？拿我当什么啊？难怪你们家催着结婚，到底有什么见不得人的原因？"

何佳被气哭了："你怎么这么混蛋啊？明明是你妈催着结婚，现在结完婚就翻脸，反咬一口，你到底是什么居心？"

原来，昨天是梁俊和何佳举行婚礼的大喜日子，忙乱了一天，婚礼终于完成。今天早上，梁妈妈和儿子媳妇开始清点礼金，发现有一个 19999 元的大礼红包，还没有写名字。是谁送了如此厚重的大礼啊？他们反复核对，梁妈妈突然想起昨天被自己带上楼的小伙子，这红包是他塞给自己的，他说他是新娘的同学。

这礼金的数额巨大，这红包上又什么都没写，梁俊越想越不对味，开始盘问新娘，三言两语两人就呛了起来。梁俊还埋怨来劝架的妈妈："就是您要这么快结婚。"新娘子一听更不高兴了："你什么意思？"

哪有新婚第一天就吵架的啊？梁妈妈来回劝："别闹了，不吉利。一会儿李姐和她侄子要来送婚礼录像，这婚礼多亏李姐帮忙，中午留人家吃饭，你俩好好跟人家道谢。"

这婚礼真是梁妈妈一番苦心操办的。

丈夫早年病逝，梁妈妈独自把儿子梁俊拉扯长大。梁俊考上北京的大学，后来留京工作，梁妈妈很开心。但是几年后，儿子眼看快30岁了，还没找对象，她开始焦虑。

梁妈妈总和跳广场舞的姐妹们说自己的心事，热心的姐妹们建议："光着急没用，得行动起来，公园每周六都有家长替孩子去相亲的，梁姐您去看看吧。"雷厉风行的梁妈妈果然来到了相亲公园，家长们聊一聊，要个电话、照片，希望孩子们继续沟通。功夫不负有心人，梁妈妈发现一个叫何佳的女孩，年龄、学历和儿子都相当，同样在北京工作，和她父母一攀谈，双方都觉得挺合适。兴奋的梁妈妈立刻就把何佳的电话告诉了儿子，命令他立刻约女孩出来见一面。

还真是有缘千里来相会。梁俊拗不过母亲，约何佳吃饭后，两人还挺投机。梁妈妈可得意了。她说："儿子加油啊，咱们争取明年把婚事办了。"

可没多久，梁妈妈又改主意了，她要求儿子在春节前就结婚，这把梁俊吓得够呛，心想："妈妈这是怎么了？"

原来，梁妈妈听一起跳舞的李姐说，2016年是"寡妇年"，不宜嫁娶。因为这年整个农历年中无春，俗称"寡妇年"，据说这种年份结婚很不吉利。这下梁妈妈可担心了，她一向迷信，正盘算把儿子的婚事放在明年春节后，又听梁俊说，公司正准备明年年底派他去外国工作。这下梁妈妈更急了，儿子一出国，婚事更得推迟了。不行，不如在"寡妇年"前把婚事办了！儿子一向嘲笑她迷信，梁妈妈不敢告诉儿子"寡妇年"的说法，她来了个曲线救国。

次日，梁妈妈带着礼物上门征求何佳父母的意见，她说梁俊明年可能会被公司派到国外，早点结婚更踏实。何佳父母对梁俊也很满意，但对如此仓促的时间表示担忧。可梁妈妈拍着胸脯说，一切包在她身上了。

当她把年前举行婚礼的安排告诉儿子时，梁俊惊叹："只剩下不到三个月的时间，哪儿来得及啊！"梁妈妈说："女方提出早点结婚。三个月怎么不够了？人家还有一个月就闪婚的呢。包在我身上！"

可张罗起来，真没有想得那么简单。因为"寡妇年"的说法，年前结婚的新人特别多，所有酒店都爆满，梁妈妈急得满嘴起了泡。后来，多亏了李姐老公，他有个开酒店的朋友，他朋友把停业准备装修的三楼又重新布置起来，婚宴场地就解决了。

那婚礼的其他准备工作呢？李姐的侄子是做婚庆公司的，可他说忙不过来，不想接这活。经过梁妈妈的再三央求，最后李姐向侄子李小天下达了死命令，这活不接也得接！这样，婚庆事宜终于也落实了。

梁妈妈对热心的李姐千恩万谢。终于在农历腊月二十八前一切就绪，而婚礼现场又是一团忙乱。

酒店一楼是别人办婚宴，而梁家婚宴的位置又不显眼，梁妈妈就站到酒店门口，给自家的亲友带路。而这都快正午了，新郎新娘还没有到酒店。经过电话催促才知道，原来事先约好的婚礼头车，司机把新娘从娘家接到新房后，以为完成任务就走了，他忘了还要把新人送到酒店来。这下可麻烦了，临了出门发现婚车不见了，梁俊又要求婚车司机赶紧回来，为此耽误了不少时间。

他们赶到时，宾客们早已落座了，仪式马上开始。梁妈妈准备上楼时，只见一个小伙子在自家的指示牌前徘徊。梁妈妈一把拉住他说："赶紧上去吧，马上就开始了。"梁妈妈安顿小伙子坐下，小伙匆忙塞给她一个红包，说自己是新娘的同学。

婚礼上，儿媳喊了一声"妈"，梁妈妈含泪答应着，她终于了却了自己一桩大心愿。

紧张忙碌的婚礼终于完成，可是次日早上，小两口因为这个匿名大额的红包开始相互猜忌，虽然被梁妈妈劝阻，小两口不再吭声，但脸色都不好。

一会儿，有人敲门，是帮忙筹办婚礼的李姐和她侄子李小天来了。

梁妈妈热情地把他们请进屋，但他们带来一个坏消息。李小天憋了半天，说："阿姨，大哥，大嫂，真对不起，昨天的录像……没了！"

万元红包送错人

所有人都愣了几秒，梁妈妈最先爆发说："怎么可能会没了呢？"

李小天搓着手说："我也不想弄丢啊！本来我们已经人手不够了，是我姑给我下的死命令，必须得接您这活儿。只好匀出一台机器，又外聘了一个摄影师。没想到这摄影师是个新手，对机器不熟悉，他光看红灯闪烁，没按录制键，信息根本就没录上。唉，我以后千万不能用新手。"

李小天又自责地说："阿姨，为了表达歉意，这摄影服务费我都退给您，这还有个1000元的红包，是我给梁哥、梁嫂的新婚贺礼。"

梁妈妈可不干，她说："这钱不但得退，还得赔！1000元够什么啊？我们一场婚礼，百十号宾客，20万元花费，一辈子的纪念啊，这损失是不可估量的！李姐，你来评评理！"

一旁尴尬的李姐也不知该向着谁，她说："梁姐姐，要不是您说的必须赶在'寡妇年'前把婚结了，咱们也不用这么匆忙。这下忙中出错，唉，事已至此，咱们往好了想，毕竟把婚事给办完了，对不？"

梁妈妈说："我们赶着年前把婚事给办了，不就是图个吉利，希望孩子婚姻幸福吗？你侄子是开婚庆公司的，居然把这么重要的录像弄丢了，多闹心啊，你得赔偿我们精神损失，少说也得2万元！"

2万元，李小天睁圆了眼睛，为难地说："阿姨，我从没听说过精神损失费。公司还有不少事，我先告辞，回头您再给我打电话。"说完，赶紧溜了。

老姐妹在客厅说话，小两口在屋里也没闲着。新娘子何佳头一回听说"寡妇年"的讲究，她终于明白为什么梁妈妈催着年前把婚事办了。她数落梁俊："你们多迷信啊，蒙着我把婚结了，还颠倒黑白说我们家催婚。"

梁俊被何佳呛得不知该说啥好，自己结个婚怎么这么多麻烦事儿啊？又丢录像又吵架的。还有那神秘红包，的确让人费解啊。

正在这时，又有人敲门了，这又是谁呢？

梁妈妈开门，来了两个小伙子，梁妈妈一眼就认出其中一个就是昨天被自己带去宴会厅的人，她连忙喊儿媳："佳佳，你同学来了。"

何佳说："我不认识啊，是梁俊的同学吧。"但梁俊也一脸疑惑，他也不认识这两人啊。他们是谁呢？

这两人进屋后，一脸堆笑，年长的那个说："阿姨好，我叫宋波，这是我表弟周军。昨天在楼下举行婚礼的新娘是我同学。我让表弟替我去送婚礼红包，结果他走错地方，错把红包送给您家了。"周军也在旁边连连点头。

原来那个大红包是个大乌龙！大家面面相觑，随后，梁俊最先开口："你也挺逗，让别人替你去送礼，红包上面既不写新人名字，也不写自己名字。我还说我媳妇呢，这是哪个和你余情未了的同学，包了这么个匿名大红包，是送礼还是砸场子啊？"

宋波被说得有些脸红，他说，那个新娘还真不是他的一般同学，是他的初恋情人，她曾经给过自己很大的帮助。现在她结婚，自己是真心祝福她。可是半个月前自己的姥爷刚去世，按风俗，不宜出席人家的婚礼，也为了避免新郎不高兴，所以就让表弟跑一趟。今天早上，被其他同学取笑没气量，人没到礼也没到。宋波就赶紧打电话给表弟，一问新娘的长相、姓名，才发现表弟把红包送错了。关键他为了表达对前女友的祝福，包了 19999 元的大红包，所以他想把红包要回来。

梁俊看着尴尬的宋波，忍不住笑了，打趣说："果然是有故事的红包，还好女主角不是我老婆。你等会儿，我退给你。"

可是梁妈妈一把拉住了梁俊，说："不能退！哪有婚礼退礼金的道理！"她又对宋波说："你家里有白事，就不该掺和人家婚礼。我看你是故意去搅和前女友婚礼的！没想到阴差阳错搅和到我们家来了。这一大早，他们小两口就闹别扭，婚礼录像还丢了，都是你带的晦气，现在还要我们退礼金，这不是要他们退婚吗？幸亏你没上女方家里要，不然人家父母非把你打出去不可。"说着就推搡着把宋波赶出了门外。

被轰出来的宋波不服气，在门外嚷嚷："你们得退钱啊！那是我攒了好久的私房钱啊，跟你们非亲非故的，送错了，凭什么不退啊。"听他不停地在说退字，梁妈妈气急了，接了一盆水，从窗户浇了下去。宋波和他表弟钱没要回来，还被淋成落汤鸡，恨恨地说："你等着，我上法院告你们去！"

宋波本不想把事情闹大，他的妻子是个醋意比较大的女人，又正在怀二胎。如果她知道自己攒了19999元的私房钱，送给前女友当新婚贺礼，非和自己闹不可。

他和前女友曾有一段美好的恋情。但造化弄人，两人从大学到后来毕业，坚持了十年的异地恋，当女友博士毕业准备在国外定居时，两人觉得未来的人生轨迹再难交会了，于是心平气和地分了手。当时女友拿出了从微薄的学生补贴中省下的1万元积蓄，留给正在艰辛创业的宋波。

两年后，宋波的小公司初见起色，他的妻子淑琴是当时公司的行政。两人的感情水到渠成，修成正果。转眼女儿两岁了，淑琴又怀上二胎，再过两个月，就变成一家四口了，宋波生活得很幸福。

但是淑琴有一点让宋波有些忌惮，她醋意比较大。婚前，听说宋波有过一个非常优秀的女友，她就不停地向所有认识或可能认识宋波前女友的人打听，弄得大家都很尴尬。宋波为了避免不必要的麻烦，也尽量不让她知道关于前女友的任何信息。

前不久，听同学说，前女友回来举行婚礼，宋波想起当初前女友留给自己那1万元，如今她结婚，说什么自己都得送上祝福。可是在那天早上，他一来顾及自己身有热孝，二来不想让老婆问东问西，三来也不想给前女友添麻烦，于是他让表弟替自己去一趟，没想到表弟走错了宴会厅，送错红包了。如今讨要红包不成，还被梁妈妈浇了一身水。宋波越想越憋气，他真把梁俊小两口告上法院，要求他们返还红包。

接到法院电话，何佳埋怨说："你们因为讲迷信、图吉利非得仓促结婚，现在蜜月还没过完就惹上官司，太添堵了。"她一气之下回娘家了。梁妈妈这边和婚庆公司的账还没算清，还影响了她和李姐的友情。梁妈妈也到法院起诉了婚庆公司，要求赔偿精神损失2万元。一场婚礼，惹出两个官司。

法院觉得这样的日常生活琐事引起的民事案件，而且金额都不大，多做做调解工作，更有利于化解矛盾。

　　调解员先通知了婚庆公司的李小天和原告代理人梁妈妈来谈话。面对一肚子怨气的梁妈妈，李小天觉得自己也很委屈，不但没挣到钱，还搭上各种成本，现在还要他赔偿精神损失，前所未闻。

　　可是，梁妈妈主张的精神抚慰金还真有法律依据。婚庆公司的行为属于侵犯了梁俊小两口的人格尊严权。因为他们丢的不是普通录像，而是婚礼录像，这对于新人来说具有特别的意义。婚礼的录像、毕业证书、周年纪念册等，都是具有人格象征意义的特定物品，因为行为人的过失导致这些物品永久性灭失或者毁损，权利人可以要求赔偿精神损害抚慰金。而具体的赔偿金额和计算标准，法律没有作出明确规定，应根据侵权人的过错程度，侵害的手段、场合、行为方式等具体情节，侵权行为所造成的后果，侵权人承担责任的经济能力，受诉法院所在地平均生活水平等多种因素综合决定。实践中一般为几千元至几万元不等。

> **法条链接>>>**
>
> 《最高人民法院关于确定民事侵权精神损害赔偿责任若干问题的解释》
>
> 　　第一条　自然人因下列人格权利遭受非法侵害，向人民法院起诉请求赔偿精神损害的，人民法院应当依法予以受理：
>
> 　　（一）生命权、健康权、身体权；
>
> 　　（二）姓名权、肖像权、名誉权、荣誉权；
>
> 　　（三）人格尊严权、人身自由权。
>
> 　　违反社会公共利益、社会公德侵害他人隐私或者其他人格利益，受害人以侵权为由向人民法院起诉请求赔偿精神损害的，人民法院应当依法予以受理。
>
> 　　第四条　具有人格象征意义的特定纪念物品，因侵权行为而永久性灭失或者毁损，物品所有人以侵权为由，向人民法院起诉请求赔偿精神损害的，人民法院应当依法予以受理。

万元红包送错人

第十条　精神损害的赔偿数额根据以下因素确定：

（一）侵权人的过错程度，法律另有规定的除外；

（二）侵害的手段、场合、行为方式等具体情节；

（三）侵权行为所造成的后果；

（四）侵权人的获利情况；

（五）侵权人承担责任的经济能力；

（六）受诉法院所在地平均生活水平。

法律、行政法规对残疾赔偿金、死亡赔偿金等有明确规定的，适用法律、行政法规的规定。

最后，在法院的调解下，李小天退回了收取的全部服务费，又支付了5000元的精神损害抚慰金。李小天说通过这件事既学到了法律知识，又吸取了教训，超过自己能力范围的事情，最好别承揽，有时候拒绝也是一种负责任的表现。

那还有一桩案件，该如何解决呢？法院的人民调解员给宋波和梁妈妈也组织了调解。

这个案件里梁妈妈作为被告梁俊的代理人。梁妈妈坚持认为是宋波和他表弟的糊涂行为给自己家带来的晦气。她还说："红包上既没写新人的名字，也没写送红包人的名字，宋波怎么证明这红包是他送的？又凭什么来讨要？我刚学到一个词，这叫主体不适格。再说了，他又怎么证明这红包不是送我们家的？他表弟坐在我家嘉宾席上，酒席他也吃了，喜糖他也拿了，最后说红包送错了，哪有这道理？我还知道赠与合同从实际交付时就完成了，送出的礼是不能往回收的，尤其是婚礼的礼金，退了不吉利啊！"

宋波也急了，他说："我有表弟当证人，另外，酒店监控录像清楚地显示我表弟把红包给了你。这事是赖我做得不周全，可是将近2万元，也不是小数目，我和您家非亲非故，您觉得这礼收得就合适吗？我也问过律师了，这叫不当得利。"

他俩一个说这是赠与合同，一个说这是不当得利，究竟谁说得对？这红包应不应该返还呢？

宋波的表弟把红包给了梁妈妈，这是一个赠与行为。根据合同的规定，赠与合同在转移交付完成之后，不能任意撤销。但是合同法还规定，因重大误解或在显失公平的情形下订立的合同，一方当事人可以向人民法院请求撤销。

宋波表弟走错了宴会厅，送错了红包，这些举动是在重大误解的情况下完成的，与宋波的真实意思不符。所以宋波向法院提起诉讼要求撤销这个红包赠与合同，应当得到法院的支持。一旦赠与合同被撤销，那么梁家拒不返还红包的话，就构成不当得利。所谓不当得利，就是没有合法根据取得利益，而使他人受损失，法律上可以要求返还。

法条链接>>>

《中华人民共和国民法通则》

第九十二条　没有合法根据，取得不当利益，造成他人损失的，应当将取得的不当利益返还受损失的人。

《最高人民法院关于贯彻执行〈中华人民共和国民法通则〉若干问题的意见（试行）》

返还的不当利益，应当包括原物和原物所生的孳息。利用不当得利所取得的其他利益，扣除劳务管理费用后，应当予以收缴。

两人正激烈地争辩着，有人敲门，一位孕妇推门进来了，她就是宋波的老婆淑琴。她在家里看到了法院的传票，再打电话给宋波的表弟问明原缘，让宋波的表弟立刻送自己到法院。

她质问宋波："你是怎么攒了那么多私房钱的？是不是还有小金库？我每

天精打细算地操持家务，马上要生二胎了，为了省钱，还在收集旧衣服做尿布。你对前女友出手怎么那么大方？"越说越委屈，淑琴在法庭上哭了出来。

淑琴一哭，梁妈妈好像气消了些。此时，调解员对梁妈妈说，他了解习俗，更懂得法律，虽然宋波的红包上没写自己的名字，但是他有证人，也有酒店的监控作为证据，送错红包这个事实是很清楚的。宋波和梁家也非亲非故，您觉得这红包该收吗？

调解员这么说，梁妈妈又不高兴了，她说："您说，按照老传统，是不是婚礼红包不能退？退了，这桩婚姻就要退了。现在我儿媳已经回娘家了，我儿子这家很快就被拆散了。这红包，即使判了我也不能退。"

看似很小的民事案件，金额不大，法理清晰，但是如果直接作出判决，可能在案件执行时还会发生争执，这样达不到化解矛盾的社会效果。调解员还想继续做双方的工作，但淑琴的肚子突然疼了起来，孩子要提前出生了。

调解员忙联系法院的车，把淑琴送到了医院。两个小时后，淑琴生了个7斤半的胖小子，宋波乐得合不拢嘴，在医院就给调解员打电话报喜，说要请他来喝满月酒。这时，一个绝妙的主意出现在调解员脑海里。

一个月后，在宋波儿子的满月酒上，梁俊、何佳和梁妈妈一起乐呵呵地出现了，并且带来了一个厚厚的红包，19999元，还有梁妈妈新手制作的宝宝鞋。

原来接到宋波喜得儿子的报喜电话时，调解员想到，梁妈妈一直纠结退婚礼礼金吉利的问题，那礼尚往来，如果把错收的礼金同样以礼金的方式再还回去，不仅化解了双方的矛盾，更生出一番情意来。调解员还对梁妈妈说："您去喝个满月酒，再沾点喜气，肯定能早日抱上孙子。"

这样情与法兼顾的调解方案，大家都欣然接受。梁俊和何佳、宋波和淑琴之间都重归于好，大家喜气洋洋地抱着孩子合影。

律师点评>>>

中国老百姓被传统封建迷信思想束缚了几千年，直至今天，各种迷信思想在很多人的脑海里仍根深蒂固，例如"寡妇年"不宜结婚，"羊年"不宜生孩子……种种迷信思想，如今还悄无声息地影响着人们的生活。不管是真的相信，还是为了图吉利，很多人不思考就盲从，扎堆儿结婚、扎堆儿生孩子的情况很常见。更有甚者，因为八字不合而棒打鸳鸯，致使因为算命辟邪而妻离子散的闹剧与悲剧也时常上演。

　　这个案例给讲究迷信的梁妈妈深刻地上了一课。本来希望图吉利，盼望孩子婚姻美满，差点适得其反丢了儿媳。幸亏机智的调解员巧妙地融合了法理与人情，圆满地化解了矛盾。

双重身份的继承人

关键词 继子女的继承权

2013 年 9 月底，北京某大学军训马上要结束，大一新生郑馨萌正与寝室同学讨论与教官告别晚会的节目，这时，有个同学说楼下有人找她。是谁找她呢？

郑馨萌下楼，看见一对中年男女，拎着几个袋子，那个女人拿着一张照片，反复端详，确认她就是郑馨萌后，一把拉住她说："闺女，我是你亲妈，这是你亲爸。"郑馨萌愣在那里，本能地缩回手。

她知道，是亲生父母来相认了。这样的场景她想象过很多次，真的发生时，她说不出是惊，是喜，还是慌乱，只是不由自主地想逃避。

郑馨萌的身世很特殊，她 8 岁那年就知道自己和父母没有血缘关系，而且她家比一般家庭还更复杂，她家 3 口人 3 个姓。

20 世纪 90 年代初，郑馨萌出生在河北一个贫困农家，亲生父母生了 3 个女孩后，仍想生男孩，于是想把最小的女儿送养。在国企工作的王慧清夫妇结婚多年没有生育，正想抱养一个女孩，就这样，经人介绍，出生没多久的馨萌来到了省城。

馨萌幸福快乐地长到 6 岁，不料养父意外去世，养母王慧清一个人拉扯她，生活有些艰难。两年后，经人撮合，养母王慧清与国企干部周平再婚了，周平成为馨萌的继父。

周平之前有过一次不幸福的婚姻。他和前妻生了一个儿子，因为长期两地分居，加上两边家庭的矛盾，和前妻闹得很不愉快。离婚后，前妻带着儿子在老家生活，周平很挂念儿子，但前妻根本不让探视，这让周平很难过。

和王慧清母女重组家庭之后，周平获得了盼望已久的家庭温暖，乖巧聪明的小馨萌很讨周平喜欢。这一家3口3个姓，都没有血缘关系，母亲是养母，父亲是继父，但是一家人的感情很好。

郑馨萌乖巧懂事、成绩优秀，养母和继父都为她骄傲。高考之后，郑馨萌考取了理想的大学。开学后住校，第一次离开父母这么长时间，她正盼着在军训结束后的国庆长假飞奔回家和父母团聚呢。而此时，宿舍楼下来的这对中年夫妻自称是她的亲生父母，要与她相认，给她带了几袋子土特产，要她在接下来的国庆长假跟他们回家看看。郑馨萌一时不知该如何回答，她放下他们强塞在她手里的袋子，转身跑上楼。

辗转一夜没睡，次日郑馨萌打电话给养母王慧清，养母立刻坐火车赶到学校。养母王慧清和她亲生父母约在学校附近的餐馆见面，郑馨萌很诧异，原来他们早有联系。

通过大人们的交谈，郑馨萌得知，三年前她考上重点高中时，养母单位张贴了光荣榜，为考上重点高中、大学的职工子女发放了奖学金，这好消息辗转传到了她亲生父母那里。两年前，郑馨萌读高二时，亲生父母就与养母王慧清联系上，提出想要认回女儿郑馨萌。他们反复强调，以前是家里穷，养不起那么多孩子，不得已才把女儿送人了，如今家里经济条件改善了，毕竟是自己的孩子，所以想认回来。听不下去的王慧清当时就拒绝了，说："你们养不起为什么还要不停地生？不就是重男轻女想生男孩吗！把女儿送人了，终于如愿以偿生了男孩，该心满意足啊。如今女儿长大出息了，又想认回去，这太自私了！"

当时双方谈得很不愉快，亲生父母说要直接去学校找馨萌。为了不影响孩子学习，养母王慧清用了缓兵之计，说："现在是孩子学习的关键时期，你们在这个时候去认，会造成孩子情绪波动，影响她的学习，一切等她考上大学之后再说吧。"话说到这分上，亲生父母也同意了，他们向王慧清要了一张郑馨萌的照片回去了。王慧清以为事情已经过去了，没想到，如今他们直接找到郑馨萌的大学里去了。

现在养母与亲生父母又见面了，气氛更不愉快，王慧清指责他们："你们太自私，根本就不为孩子着想！这样直接找到学校，你们有没有考虑过孩子的感受？有没有想过可能对她的影响？她才刚上大学，刚和新同学相处，你们闹这么一出，引得别人议论，会给孩子造成多大的压力？"

可是亲生父母也不示弱，说："俗话说血浓于水，她和我们是骨肉至亲，我们怎么会不疼她？她现在都满18了，是成年人了。这年龄，我们家3个丫头早出去打工了。她怎么会接受不了？如今孩子们都大了，她还有个弟弟，我们就是想让她们姐妹兄弟相认，将来也好相互帮衬。我们怎么就是自私了？"

养母王慧清冷笑说："什么相互帮衬？你们打算负担她学费还是生活费啊？你们是看她现在出息了，想沾她的光吧。"

一旁的郑馨萌心里乱作一团，18岁的她，第一次面对如此复杂的情感。命运如此神奇，如果没有18年前的送养，自己应该和亲生父母，还有姐姐们生活在山村，早早务农打工。两种生活像两个截然不同的剧本，自己的人生竟如此充满戏剧性。

本来，昨晚思考一夜，郑馨萌想把亲生父母当亲戚一样对待，毕竟他们给了自己生命，姐弟们和自己流着同样的血，都说血浓于水，自己应该和他们有天然的亲近吧。但是现在，与亲生父母相对而坐，那感觉很陌生。他们说的话更让她感觉与他们越来越远，他们的价值观、家族观，尤其是与她相认的理由，都带着功利性，这与养母、继父从小告诉自己的父母对孩子要疼爱，孩子对父母要敬爱，是不一样的。她觉得自己与亲生父母之间有不可逾越的鸿沟。

此时，郑馨萌的主意已定，面对亲生父母要她国庆回乡相认的请求，她摇了摇头，挽着养母王慧清的胳膊说："我想跟我妈回家。"

大一新生郑馨萌，在成年后第一次作出了如此重大的决定，在生恩与养恩的较量之中，感情战胜了血缘，郑馨萌更珍惜与养母、继父之间深厚的感情。郑馨萌感到自己与亲生父母之间有距离感，她想多花些时间，培养亲情，就当多了一家亲戚吧。经历这些，她觉得自己长大了，自己的人生果然比同龄人更富有戏剧性。而此时，她还不知道，她的人生还有更多故事。

经历认亲风波之后，生活回归平静。转眼郑馨萌即将度过她的大学时光。4年来，她从懵懂少年成长为风华正茂的青年了。就在她毕业后准备工作时，家里又发生了变故，养母和继父离婚了。

郑馨萌是在大四回家实习时才得知这个消息的。

原来，那次认亲事件发生之后，养母王慧清担心郑馨萌情绪受影响，想离孩子近一些。正好那时单位驻京办事处有工作机会，王慧清申请调到北京，这样她可以时常关照郑馨萌，但这也意味着夫妻两地分居，继父周平虽然有些不舍，但为了馨萌，他也同意了这个安排。

陪伴馨萌一段时间后，养母王慧清发现馨萌的大学生活充实忙碌，一切安好，她就放心了。而且，郑馨萌也平和地接受了亲生父母一家，有时彼此问候，他们也没有提什么过分的要求，王慧清之前的顾虑也消除了。这样，两年后，王慧清又找机会调了回去，可是当她回去后，却发现了让她难以接受的事情。

原来在她离开这段时间，周平和女下属发生了桃色事件。周平一再向王慧清认错，表示自己是一时糊涂。王慧清这两年为了照顾女儿，让缺乏生活自理能力的周平独自生活，自己也心有歉疚，正是自己不在身边，才让别人有可乘之机。正在她纠结时，那个女下属因为周平没有给她想要的部门优秀奖励，和周平大吵大闹，弄得单位沸沸扬扬，周平很难堪。而好面子的王慧清不能忍受了，任凭周平怎么挽留，她坚决要求离婚。

就这样，临近大学毕业，郑馨萌得知养母与继父离婚的消息，她十分震惊。因为特殊的身世，她格外看重家庭的完整与温暖，而她认定的家，就是养母和继父还有她。没想到，她即将大学毕业，马上要回报养母和继父时，这个家却散了。

为了宽慰养母王慧清，郑馨萌毕业后回到她成长的城市，与养母王慧清相伴。虽然母女俩相互陪伴，但是郑馨萌能感觉到养母还是郁郁寡欢，都说少年夫妻老来伴，这种感情和孩子的陪伴是不同的。

郑馨萌也时常去探望继父周平。离婚后周平的生活很清苦。由于他的坚持与回避，那个女下属也没闹出什么结果，还被调离了单位。离婚时周平把房子留给她们母女俩住，自己搬到了单位宿舍里。每次馨萌来，他都特别高兴，也常感叹，自己怎么一时糊涂，做了错事，把好好的家给拆散了，后悔啊。他还总是叮嘱馨萌要走得正、行得端，别像他那个亲生儿子周斌，不务正业。

馨萌这才知道，他的亲生儿子周斌如今已经 26 岁了，前段时间，周平的前妻主动联系他，因为周斌喝酒和人打架，把人打得进了医院，周斌被抓起来了，受害人要他赔偿 20 万元，不然让他坐牢。前妻着急，来找周平求助。

周平咨询律师了解到，经过法医鉴定，受害人受了轻伤，故意伤害致人轻伤的属于刑事自诉案件，如果能与受害人和解，周斌的确可以免受刑事处罚。于是在周平的努力下，他拿出了 15 万元，取得了受害人的谅解，免除了对周斌的刑事处罚。

经过这事，周平原本希望能和儿子重新培养感情，但是已经 20 多岁的周斌根本不搭理他，周平很伤心，但也无可奈何，毕竟自己缺席了儿子整个成长阶段。所以，周平叮嘱馨萌："还是我们萌萌懂事，马上就工作了，你要好好做事，好好做人，照顾好你妈。"继父的嘱咐让馨萌感到温暖，看着他宿舍里常备整箱的方便面，知道继父一个月里有大半时间在吃方便面，郑馨萌看着特别心疼。

郑馨萌之前也生继父的气，气他伤害了母亲。但是回想十多年的共同生活，她当然了解继父，她成长的点点滴滴，都饱含着养母和继父对她的呵护与关爱，而且她能感受到他俩之间还是彼此牵挂的。于是，郑馨萌开始努力撮合他们复合，她劝养母，俗话讲"知错能改，善莫大焉"，请养母给继父一个改过的机会。经过她的撮合，养母的态度有所缓和，三人常在一起共度周末。郑馨萌又与继父商量，让他找个恰当的机会，再向养母求婚，这样他们两人就可以破镜重圆。

这时，郑馨萌拿到了她的第一笔业绩奖金，她用这笔钱，给养母和继父报了个旅行团，让他俩好好玩一趟。出发前，郑馨萌跟继父说："一定要加油哦！"

果然，一周后正在上班的郑馨萌收到了养母发来的消息，周平在风景怡人的海岛上，向她求婚，她同意复婚了。郑馨萌欢呼起来，她手机上也收到继父周平发来的成功的表情图片。后面几天，母亲和继父不断地给她发来开心的照片。馨萌告诉他们，她去订了一套婚纱照，让爱美的妈妈补上年轻时的遗憾，等他们旅游回来，就去拍照，但是要带上她这个小灯泡。他们3个人的微信群里充满欢笑。馨萌盼望的一家团圆，终于可以实现了，但是命运再次给了她沉重的打击。

就在养母和继父旅游行程结束的前一天，他们的旅游大巴发生车祸，养母王慧清骨折受伤，继父周平当场死亡。

悲伤的郑馨萌与养母王慧清一起料理继父周平的后事。不久后，郑馨萌的生父又突然脑溢血离世，20岁出头的馨萌突然又要承受至亲家人的生离死别。而她要面对的不仅是亲人离世的悲伤，还有两场猝不及防的纠纷。

先是郑馨萌的亲生母亲提出，现在老伴儿去世，自己身体也不好，儿子还没成家，那3个女儿都生活困难，而馨萌如今一年收入十几二十万元，她要求馨萌每月给她支付医药费和赡养费。

生母的道理简单直接。她说："生孩子就是防老的，我生了你，你得给我养老。现在我生活困难了，而你条件最好，你就必须得管我。"

她的要求让郑馨萌心里很难受，她感恩亲生父母给了自己生命，但她更感激养母与继父的照顾与培养，生母可以向她提这样的要求吗？如果自己不答应是忘恩负义吗？这让她很纠结。

生母的要求让养母王慧清很生气，她拉着女儿馨萌一起找律师，寻求律师的帮助。

律师告诉她们，根据《中华人民共和国婚姻法》和《中华人民共和国收养法》的规定，依法成立的收养关系受法律保护，养子女与生父母间的权利义务关系则因收养关系的成立而消除。

当一个人被他人合法收养时，以他为中心便产生了两种血亲关系，一种关系是被收养人与其亲生父母之间的自然血亲关系，另一种关系是收养人与被收养人之间的拟制血亲关系。法律必须做出选择，只能确认其中一种关系具有法律意义，受法律保护。从收养关系的本质来看，相关当事人要拟制出一种父母子女间的血亲关系，目的就在于否认或者说回避被收养人与其亲生父母之间的自然血亲关系，所以法律承认并保护基于收养关系而成立的拟制血亲关系，同时从法律上割断被收养人与其亲生父母等近亲属之间的关系。所以，被送养的孩子长大后对亲生父母没有法律上的赡养义务。当然，被收养人与其亲生父母等近亲属之间的经济上或精神上的相互帮助、照顾等，法律也不予干预。

弄清法律规定之后，郑馨萌不再纠结了，如何对待生母的主动权在自己，不是法定强制义务，她心里有谱了。正当她稍稍轻松后，另一个麻烦又来了，继父周平的儿子周斌因为遗产继承的问题，把她给告了。

在安排继父周平后事时，养母王慧清通知了周斌。王慧清希望周平的亲生儿子来送他最后一程，弥补他生前的遗憾。但没想到的是，因为周平的遗产又引发了一场纠纷。

葬礼后，周斌就提出，他要继承他父亲周平的全部遗产，包括王慧清母女现在住的房子，甚至限期要求王慧清和郑馨萌母女俩搬走。为此双方发生了激烈的冲突，一度闹到报警。在警察的干预下，矛盾暂时平息，但周斌将王慧清与郑馨萌告上了法庭。

周斌主张，这套房子是周平和王慧清结婚之前单位分配的福利房，属于周平的个人财产，之后王慧清与周平离婚了，郑馨萌与周平的继父女关系也解除了，她俩都不是周平的合法继承人，而他作为周平的亲生儿子，是周平目前唯一的法定继承人，可以继承他的全部遗产。

那周斌说的有道理吗？

根据《中华人民共和国继承法》的规定，第一顺序的法定继承人为配偶、子女、父母。这里所说的子女，包括婚生子女、非婚生子女、养子女和有抚养关系的继子女。这些子女均享有平等的继承权。

王慧清已经和周平离婚了，在周平去世之前，他们未办理复婚手续，所以她不是周平的合法配偶，不是周平的法定继承人。

那么郑馨萌是王慧清的养女，王慧清带她改嫁给周平，之后王慧清与周平又离婚了，那么馨萌还可以作为周平的继子女享有继承权吗？

郑馨萌8岁时，养母王慧清与周平结婚，直至2014年，王慧清与周平离婚，10年间，郑馨萌与周平之间形成了有抚养关系的继父女关系。继子女与继父母之间的关系，虽然是以其父母与继父母之间的婚姻关系为前提，但在继父母与继子女形成抚养关系后，它是一种独立的民事法律关系，不会因为生父母与继父母的婚姻关系解除而终止。也就是说，即便生父母与继父母离婚，已经形成抚养关系的继父母子女关系依然存续。已经形成抚养关系的继父母子女之间的权利义务关系，适用婚生父母子女之间权利义务关系的法律规定，这种权利义务既包括形成抚养关系的继子女对继父母有赡养义务，也包括继子女对继父母的遗产享有继承权。

法条链接>>>

《最高人民法院关于人民法院审理离婚案件处理子女抚养问题的若干具体意见》

13. 生父与继母或生母与继父离婚时，对曾受其抚养教育的继子女，继父或继母不同意继续抚养的，仍应由生父母抚养。

《中华人民共和国婚姻法》

第二十七条　继父母与继子女间，不得虐待或歧视。

继父或继母和受其抚养教育的继子女间的权利和义务，适用本法对父母子女关系的有关规定。

经过审理，法院认定郑馨萌与继父周平之间形成有抚养关系的继父女关

双重身份的继承人

系，该继父女关系不因其养母王慧清与周平的婚姻关系的解除而终止，因此郑馨萌与周斌一样，都是周平的子女，平等地享有法定继承权。

另外，法院还查明，虽然诉争的房屋是周平在与王慧清结婚之前分配获得的公有住房，但是当时只是公租房。与王慧清结婚之后，周平办理了房改手续，在计算房价时，同时折算了周平和王慧清两人的工龄，因此，虽然房子登记在周平名下，但是这套房产应认定为周平与王慧清的夫妻共同财产，在他们协议离婚时，没有对这套房屋进行分割。现周平去世，其名下财产发生继承，该房屋的一半份额归王慧清所有，另一半份额为周平的遗产，由郑馨萌、周斌平均继承，他们各继承该房屋的四分之一。考虑到郑馨萌与王慧清长期在该房屋内居住，且她俩同意对该房屋按份共有，为方便生活，法院判决，周斌继承的房屋25%份额，由王慧清按评估价向他支付折价款，其房屋权利归王慧清。

走出法庭的郑馨萌紧紧挽住养母王慧清的胳膊，说："我们永远是母女。"

律师点评>>>

俗话说，血浓于水，血缘是人与人之间天然的亲密纽带。中国法律起源的基本特征之一就是带有浓厚的宗法氏族血缘色彩。但随着社会的发展，血缘并非决定人际关系、判定权利义务的唯一因素。生恩大还是养恩大，一直是民间争论不休的话题。

在法律上，权利和义务相统一原则是调整民事法律关系所必须遵循的法则之一。权利与义务在法律关系上是相对应而存在的，没有权利，就没有义务，没有义务，也就没有权利。郑馨萌的生母，虽然给了馨萌生命，但是早已将她送养，她没有对馨萌承担抚养义务，所以没有权利要求馨萌对她承担赡养义务。周斌也不能因为自己和父亲的血缘关系而否定郑馨萌对继父周平遗产的继承权。郑馨萌与养母王慧清之间没有血缘关系，但她们的关系是最亲密，最牢固的，她们的权益也受到法律保护，不应被他人侵害。所以说，让人与人之间关系牢不可破的因素并不一定是血缘，还可能是真诚相待与感恩之心。

是儿子，还是孙子？

关键词 收养关系的认定

2014 年元宵节，沈慧如正收拾晚饭后的碗筷，女儿小朵催促："妈妈快一点啊，晚会马上开始了。"沈慧如嘴里应着，心里却不是滋味。元宵节本是团圆的日子，去年今日，一家老小一起快快乐乐地闹元宵，可今年的元宵节，她家格外冷清，上大学的儿子赵龙大年初五就提前去学校了，只有她和女儿在家，她不禁有些心酸。半年前，沈慧如的丈夫赵世平去世，从那以后这家就面目全非了。

这时，有人敲门，女儿小朵去开门，喊道："妈，奶奶、姑姑来了！"小朵的声音中饱含的不是亲人来了的惊喜，而是惊吓。沈慧如二话不说，掏出口袋里的手机就打电话报警，她叫警察快来，亲戚们又上门胡闹来了！

这一家人是怎么了？这是赵世平去世后的第一个春节，沈慧如失去了丈夫，婆婆董国珍失去了儿子，孩子失去了父亲，一家人本该相互关怀的，为什么一见面就报警呢？

赵世平去世，留下了两套房产。一套住房，一套门面房。两套房屋价值不菲。尤其是这套门面房，由于位置好，每年光租金收入就十分可观。

赵世平刚去世时，沈慧如和婆婆的关系还正常，她和往常一样每月给婆婆 800 元生活费。但是年底时，她不再给婆婆生活费了，因为自从她找婆婆董国珍商量办理房屋继承手续时，她们开始闹意见了。

沈慧如和丈夫有一儿一女，公公已经去世。这两套房都属于夫妻共同财产，一半是沈慧如的，另一半是赵世平的遗产，按照继承法的规定，婆婆、沈慧如和一儿一女四个第一顺序继承人平均继承，应该是很清晰的，那她们的分歧出在哪里呢？

老太太董国珍提出："这两套房子是我儿子赵世平留下的，你是外姓人，而且小朵是女孩，将来结婚也是别人家的媳妇，怎么能带走我们家的房子呢？这房子得永远留在我赵家。"

沈慧如一听就生气了，她说："什么赵家、沈家，我跟你儿子结婚20多年了，怎么还是外姓人？再说，这房子是我跟世平的夫妻共同财产，有一半是我的，再加上我继承世平的，我肯定占一多半，房子归谁当然由我说了算。"

可老太太说："我不管，现在我儿子死了，别的要求我没有，就要一套房。"

就这样，两人就继承问题沟通过多次，都没有结果，两人关系反而越来越僵。沈慧如不再按月给老太太生活费了，老太太带着女儿上门来找茬，甚至还要轰沈慧如母女出去，沈慧如多次报警。老太太为了争房子，还拉上了孙子赵龙，说："家里产业传男不传女，这两套房要登记到赵龙名下。"这一下，沈慧如和女儿对儿子赵龙也有意见了。弄得赵龙在家待得极不自在，大年初五刚过，上大二的赵龙就到学校去了。

现在婆婆董国珍和大姑姐又上门来闹。一家人在元宵节弄得报警，警察的调停解决不了她们的根本矛盾。春节过后不久，她们就闹上了法院。她们家的诉讼，比一般的继承纠纷更复杂、更热闹。

婆婆董国珍拉着孙子赵龙一起作原告，把儿媳沈慧如、孙女赵朵告上法庭，要求继承赵世平的遗产。

沈慧如拿到诉状，生气地骂："赵龙这小子真是个白眼狼，这么多年白养他了！"再看婆婆的主张，更是气不打一处来。婆婆说："沈慧如根本没资格继承房子，因为她不是我儿媳妇。"

婆婆的话让所有人都很意外，她怎么会说和她儿子共同生活了20多年的沈慧如不是她儿媳呢？原来沈慧如与丈夫赵世平的婚姻的确不寻常，这到底是怎么回事呢？

当年沈慧如与赵世平都是再婚。

20 世纪 90 年代初，赵世平和前妻在外地打工时认识，婚后妻子随赵世平回到家乡，但是异乡生活让她很不习惯，再加上和婆婆、大姑姐关系都处不好，没多久妻子就提出和赵世平再次一起外出打工，赵世平说自己是家中唯一的儿子，想回乡安居，两人意见不统一，谁也说服不了谁。妻子说："你不去我一个人去！"气急了的赵世平说狠话："你要去就别回来了！"妻子也回敬他："谁稀罕你那破家！"就这样妻子赌气一个人打工去了，两人冷战了好长时间，赵世平再联系妻子时，发现她已经换了打工的地方，连电话都换了，他们失去了联系。经过多方打听，有老乡在山东某工地见过赵世平的妻子，说她已经和别人同居了。赵世平也想早点结束这段闹心的婚姻，托人带话，让妻子回来办离婚手续，但妻子说现在没空，年底再说。

眼看和妻子复合无望，1992 年年初，赵世平经人介绍认识了离婚的沈慧如，沈慧如的前夫好赌脾气还不好，沈慧如坚决离了婚，之后她想一定要找个踏实本分的人。赵世平和沈慧如很投缘。因为赵世平还没有离婚，他们也没法领结婚证。赵世平再想催妻子回来办离婚手续时，发现她又失联了。他们也问过律师，律师说，对方联系不上，可以到法院提起离婚诉讼，法院经过公告送达后，可以缺席判决离婚，就是公告的时间比较长，应诉通知书送达要公告、开庭传票要公告、判决书要公告，沈慧如和赵世平一听这么麻烦，头都大了，心想赵世平的妻子也找到了合心意的人，她肯定也想把婚离了，年底她应该会回来办手续了。

于是他们先按农村的习俗，摆了结婚酒席。婚后，赵家把原有的宅基地一分为二，一半是老宅子所在的院落，宅基地使用权人写的是赵世平的父亲，另一半是原来的院落空地，单分出一户，宅基地使用权人写的赵世平，两口子在这块地上建起了住宅，后来又买了一个门面房，日子越过越好。

转眼年底，没等到赵世平前妻回来办离婚手续，反而等到公安机关的电话，赵世平的前妻因感情受挫自杀了。他前妻是真心实意和那个同居男人好的，她满心希望年底能和他回老家办婚事，在她百般催促下，那男人才坦白他在老家早有家室，那男人也知道她是已婚，和她在一起，不过是想在异乡打工时有个人能照顾自己，根本没想要和她结婚。赵世平的前妻大受打击，一时想不开自杀了。

公安机关根据户籍信息联系赵世平，让他去为前妻料理后事。就这样，赵世平没有办成离婚，变成丧偶了。料理完前妻的后事之后，赵世平和沈慧如本来可以办理结婚登记，但是日子忙忙碌碌，加上法律意识淡漠，他们就也没补办结婚证。

转眼20多年过去了，如今婆婆不认沈慧如是她儿媳，说她根本没有继承权。沈慧如当然伤心啊，她说："当年是你家大摆筵宴，娶我进门，邻里乡亲都见证了的，这20年来，四乡八邻的，谁不知道我和赵世平是两口子啊？如今为了争财产，你怎么能睁着眼睛说瞎话呢？"她委屈极了。

更让沈慧如生气的是，儿子赵龙跟着婆婆一起当原告，把她和女儿赵朵当被告，诉讼请求写着，房子要归赵龙，再由赵龙给赵朵和董国珍补些钱，没她沈慧如的继承份额，这让沈慧如既生气又伤心。

婆婆不但不顾及自己的感受，也一点儿都不疼爱孙女赵朵，她怎么如此重男轻女、不可理喻呢？而这个赵龙更让自己寒心，居然毫不顾念亲情，枉费这些年自己对他的养育和教导了。

为了反击，气愤的沈慧如也提出一个令人瞠目结舌的主张，她说："赵龙没有权利继承赵世平的遗产，因为他不是自己的儿子，他是婆婆董国珍的儿子！"

大家一听都炸锅了，沈慧如不是气糊涂了吧，怎么能说出这么匪夷所思的话？沈慧如这话还是有依据的，她说："你让老太太拿户口本出来看就知道了，赵龙和老太太在一个户口本里，上面清清楚楚写着，她和赵龙是母子关系。"怎么这一家人的身份如此扑朔迷离啊？赵龙究竟是谁的儿子啊？

原来赵龙是收养的孩子。当年沈慧如和赵世平结婚好几年都没有生育，婆婆董国珍的脸色越来越不好看了，总说不孝有三，无后为大，还说："我家世平可是单传，如果不行，你就积德行善，让出位子。"言下之意是怪沈慧如不能生育，耽误赵家传宗接代了，想赶她走。沈慧如善良但不懦弱，她也呛婆婆，说："谁的原因还不一定呢！"眼看婆媳矛盾又要激化，赵世平忙出来圆场，对母亲说："舒心日子才过几天啊，咱别找不痛快吧。生不生的，大不了抱养一个，我也只认这个媳妇。"

　　看着儿子如此维护沈慧如，又想到儿子之前的那段婚姻，老太太不再抱怨了，但不久，她真的四处张罗，想抱养孩子。沈慧如心里不乐意，又想哪有那么容易抱个孩子啊，于是也没阻拦。不承想，没多久，董国珍真的抱回来一个男婴，就是赵龙。

　　赵世平、沈慧如夫妇也挺疼爱这个嗷嗷待哺的婴儿的，悉心照料。好事成双，赵龙来了没多久，沈慧如就怀孕了，一家人就更高兴了。

　　沈慧如的孕期反应特别厉害，连喝水都吐。赵世平忙着照顾怀孕的妻子，就顾不上襁褓中的赵龙，于是婆婆董国珍就把赵龙抱过去亲自抚养。

　　转过年来，沈慧如生下了女儿赵朵。两个孩子只相差一岁多，沈慧如实在没有精力兼顾两个孩子。所以，赵龙从小到大一直和董国珍一起生活，但沈慧如夫妇负担他的生活费。

　　女儿出生后，他们申报了独生子女证，领取了独生子女补贴。而且按当时的规定，如果违反计划生育政策，沈慧如夫妇的个体工商户营业执照可能会被吊销，所以家里就一直没给赵龙上户口。

　　转眼赵龙快六岁了，马上要上小学，没有户口可不行。一家人正犯愁的时候，正好赶上人口普查，对于违反计划生育政策的孩子补缴罚款后可以申报户口。为了赵龙上学，赵世平和沈慧如说交罚款也得上户口。可是他们跟工作人员一咨询才知道给赵龙上户口后，赵朵的独生子女证就得收回，之前他们领取的独生子女补贴还得退，以后赵朵不能再享受任何独生子女优惠了。这么一来，两口子又有些犹豫了，说回家商量一下。

是儿子，还是孙子？

这时老太太董国珍灵机一动，她说："把赵龙的户口上在我们户口本上，说赵龙是我的儿子，这不也是赵家的孩子吗？既能上户口，还不影响小朵的独生子女身份与优惠。"

赵世平和他爸当时都不乐意，觉得这是乱了辈分，为了赵龙的户口，就放弃赵朵的独生子女证吧，甘蔗没有两头甜，不能什么便宜都占着。

可是董国珍不同意，说："谁跟钱过不去啊，我占谁的便宜了，谁能上我家来说三道四的？"

后来董国珍去派出所给赵龙办户口，还和工作人员较了会儿劲，她说："谁说50多岁老太婆不能收养孩子了？"当时收养政策宽松，也都是认识的人，赵家缴纳了3500元的计划外生育罚款后，就把赵龙的户口登记在董国珍老夫妇的户口本上，注明他与董国珍是母子关系。

办完手续，有人夸董国珍真有办法，有人觉得挺别扭的。但这是别人家的事，外人也不会多干涉，时间一长，大家也都淡忘了这件事。今天，被沈慧如一说，大家又想起来了，的确有这么回事。

在这起遗产继承案件中，两个继承人的身份存在争议。我们知道，根据《中华人民共和国继承法》的规定，父母、配偶、子女是第一顺序法定继承人。沈慧如与赵世平之间是否存在合法婚姻，关系沈慧如能否作为继承人参与继承。另一个焦点问题是，赵龙到底是赵世平的养子，还是董国珍的养子，这关系赵龙是否能被认定为赵世平的第一顺序法定继承人之一。

沈慧如对法官说："身份认定得以法律登记为准啊，户口本上写着他们是母子关系。"董国珍又抢话了："要以法律登记为准，你说你是我儿媳，你拿出结婚证来啊，没有结婚证，也不算啊。"

法官制止了他们在法庭上随便插话的行为，告诫他们要遵守法庭秩序，第一次开庭过后，法官另行指定了时间，让双方补充证据。

赵家这起热闹的继承纠纷案件迅速成为大家茶余饭后的谈资。有人觉得董国珍的做法太不厚道，话传到董国珍那里，老太太还跟人吵了一架，骂人狗拿耗子，多管闲事。

在这个案件里，争议最大的是，赵龙到底算董国珍的孙子还是她儿子？到底是以户口登记为准还是以日常习惯为准？对于这个问题，大家各执己见，争论不休。

转眼到了清明，这是赵世平去世后的第一个清明节，按当地习俗，家人应当好好祭扫一番。清明假期，赵龙从大学回来了，这趟回家，他感受到了巨大的恶意。街坊四邻对他冷嘲热讽，沈慧如、妹妹赵朵也不理他了。清明当天，赵龙跟奶奶一起去给赵世平扫墓，正好遇到刚刚祭扫完往回走的沈慧如、赵朵母女。董国珍与沈慧如一言不和又吵起来，董国珍把沈慧如放在赵世平墓前的祭品踢飞了，沈慧如上前推搡董国珍，赵龙上前去劝架，被沈慧如结结实实地扇了一耳光，被打了的赵龙一声没吭跑了。一旁的赵朵哭着说："我爸如在天有灵，看你们这样，他能安心吗？"

赵龙回家拿了包又回了学校，他给法官写了一封信，他说，他从小就知道自己是养子，但并没有觉得与家人有什么隔阂。全家人对他很宠爱，尤其是奶奶董国珍，疼爱他甚至胜过疼爱她的亲孙女赵朵。如今一家人因为继承问题闹得不可开交，他很苦恼，也希望法院能做个裁判，不要让一家人不停地争吵。所以奶奶让他签的法律文件他都签了，他是希望通过法律途径平息争执，化解亲人间的矛盾。

但是没想到，开过一次庭之后，矛盾反而升级了，奶奶和母亲水火不容，母亲和妹妹对他不理不睬。为了钱财一家人反目成仇，奶奶不认妈妈作儿媳，妈妈不认自己作儿子，他自己更成了大家眼里的笑话，大家纷纷拿他的身份开涮。在父亲赵世平的墓碑上，明明刻着他作为儿子的名字，为什么他的身份一下会沦为别人的笑柄呢？如果是这样，他可以不是赵家的人，也不要赵家的财产。

收到赵龙的这封信后，法官调取了赵龙的户籍登记档案，在公安机关的户籍登记、入户审批表等法律文书上，的确写明赵龙是董国珍的儿子。法官也勘查了赵世平的墓碑，上面的确刻有赵龙的名字，写明的身份是赵世平的儿子。

这个案件有两个焦点问题，一是沈慧如与赵世平之间事实婚姻的认定及效力，二是赵龙的收养关系的认定。

沈慧如与赵世平虽然没有领取结婚证，但他们构成事实婚姻，该婚姻受法律保护。我国从 1994 年 2 月 1 日《婚姻登记管理条例》实施之后，不再承认事实婚姻，对于在此之前未领取结婚证而共同生活的，实行有条件的认可事实婚姻关系。沈慧如与赵世平从 1992 年起共同生活，赵世平的前妻在 1993 年去世，可见，在 1994 年 2 月 1 日《婚姻登记管理条例》施行之前，他们已具备结婚的实质条件，所以他们的关系可以被认定为事实婚姻。

沈慧如的身份确定了，问题的焦点集中在赵龙身上，他的收养关系应该如何确定呢？这可直接关系遗产继承问题。

1991 年《中华人民共和国收养法》颁布之后，强调合法的收养关系以登记为准。但因为事实收养关系的大量存在，一概不承认事实收养关系也不利于家庭和社会的稳定，因此，根据最高人民法院颁布的《最高人民法院关于贯彻执行民事政策法律若干问题的意见》的相关规定，对于发生在《中华人民共和国收养法》实施之前的，亲友、群众公认，或有关组织证明确以养父母与养子女关系长期共同生活的，虽未办理合法手续，也应按收养关系对待。由此可见，在司法实践中，认定收养关系时，除了法律登记手续之外，还应结合其他事实综合考虑。

结合本案的情况，赵龙虽然户口登记为董国珍的儿子，但是户口登记不是法院认定收养关系是否成立的唯一依据。从长期抚养事实和亲友群众的认识出发，可以证明赵龙是沈慧如、赵世平夫妇的养子。

法条链接>>>

《最高人民法院关于贯彻执行民事政策法律若干问题的意见》

（28）亲友、群众公认，或有关组织证明确以养父母与养子女关系长期共同生活的，虽未办理合法手续，也应按收养关系对待。

确定了沈慧如和赵龙的身份之后，财产分割就不是法律难题了，但是法官没有直接判决，因为这种涉及家庭纠纷的民事案件，单凭一纸判决文书，并不能从根本上化解背后的矛盾。法官通知董国珍、沈慧如、赵龙和赵朵到法院，做了一次专门的调解。

法官告诉赵龙，他在信里表达的意思，在法律上可以认定为放弃继承的表示，问他是否明确相应法律后果。

一听赵龙要放弃继承，董国珍和沈慧如都很意外，董国珍脱口而出，说："那怎么行，我以后就指望孙子呢。"法官向她做了法律分析后，批评了她重男轻女的封建思想，还告诉她赵龙是成年人了，他有权独立自主地作出决定，其他人不得干涉。

法官还说："财产好分，但分完了之后，你们就此恩断义绝，老死不相往来了吗？如果你们想这样，明天就可以出判决。"

法官的话说到董国珍的心里了，因为白发人送黑发人，儿子去世后，她最怕将来没人依靠，她觉得儿媳沈慧如还年轻，将来可能改嫁，孙女赵朵肯定跟她妈亲，而自己一手拉扯大赵龙，他一定会对自己最好，所以她想为赵龙争取更多的利益，也让自己有个依靠。

看到老太太说出自己的心思，法官觉得调解大有希望。在他的调解下，一家人真的放下争议，协商解决遗产分配的问题了。他们达成协议，沈慧如仍然每月向董国珍支付生活费 800 元，赡养老人。两套房屋归沈慧如和女儿赵朵所有。由沈慧如、赵朵向董国珍、赵龙等支付补偿金 25 万元。

律师点评>>>

通过解析法律，阐明道理，这起遗产继承纠纷经过调解得到圆满解决。婚姻家庭纠纷案件不同于一般的民事纠纷，当事人争执焦点表现在财产分割，但矛盾产生一定源于感情冲突，所以家事纠纷，"定分"易、"止争"难，判决容易，但从根源上解决问题很难。

法条规定是理性的，但法律适用可以是有温度的。本案中，法官用有温

是儿子，还是孙子？

度的调解，化解了董国珍和沈慧如婆媳间的积怨。赵龙宁愿放弃财产也要平息纷争的决心，消除了沈慧如和赵朵之前对他的怨气，三人的感情迅速回温。

逝者已去，家庭和睦、尊老爱幼肯定是逝者的遗愿，更应是生者的追求。我们应当明白，遗产继承时，分割的是财产，而不是家人之间的亲情。

姐姐的屈辱

关键词 借名买房

在 20 世纪 80 年代的一个小乡村，姐姐韩梅焦急地追问怀孕的妹妹韩丽："丽，你快说啊，这孩子的爸爸到底是谁？你可不能这么糊涂，一个没出嫁的姑娘大着肚子，还不让唾沫星子淹死！是哪个敢作不敢当的臭小子，姐姐替你做主，我绝不会放过他，他一定要对你负责的！"

韩丽始终低着头，紧咬着嘴唇，默默流泪。在姐姐的不停追问下，韩丽猛然抬头，怔怔地看着姐姐，几番欲言又止，终于从牙缝里挤出两个字"孙军！"韩梅瞬间呆在那里，一阵眩晕后，她抬手重重地扇了韩丽一个耳光！韩丽捂着脸埋头大哭。韩梅则跌坐在地上，失声痛哭，她喃喃自语道："娘啊，我对不起你啊！娘啊，你说我该怎么办？"

孙军是谁？孙军正是韩梅的丈夫，也就是韩丽的姐夫，韩丽怎么会怀上姐夫的孩子呢？这让姐姐韩梅该如何是好呢？

话说韩梅对妹妹可算是情深义重。韩梅年长韩丽 3 岁，姐姐温厚，妹妹活泼，原本一家四口很幸福。可是韩梅 12 岁时，父亲因意外去世，瘦弱的母亲独自拉扯两个孩子，不久她便病倒了。弥留之际，母亲把韩梅叫到身边，拉着她的手，双唇不停颤抖，终于挤出一句话："你妹妹小，好好照顾她……"这句话是母亲临终前跟她说的最后一句话。为了这句话，韩梅从此肩负起了家庭重任；也正是因为这句话，这个弱小的农村女子，竟背负屈辱走完半生。

送走母亲后，韩梅离开了心爱的课堂，在田间劳作，用自己羸弱的肩膀，支撑这个单薄的家。韩梅想，不管多难都要坚持下去，她希望妹妹能考上大学。可是苦读了几年，韩丽勉强读到高二，成绩并不理想。

这年寒假，无心读书的韩丽遇到了初中同学小芳，小芳初中毕业后就跟人去广东打工了。听小芳说在那里能挣许多钱，韩丽对姐姐说："考大学太苦了，又有什么用啊，造原子弹的不如卖茶叶蛋的，还不如趁年轻多挣钱！"拗不过她的韩梅让步，要求她至少读完高中，可是任性的韩丽竟然不辞而别去了南方。

此时韩梅已经21岁了，乡亲们开始为她张罗婚事，经人介绍，韩梅认识了邻村的孙军。这孙军当年可是村里的"时尚人儿"，20世纪80年代的农村，墨镜还不是很流行，他就托城里的亲戚买了一个，再穿上喇叭裤，十分时髦。村里的年轻人都爱围着他转，可老人们总说："这年轻人，穷折腾，整天就知道美，真不靠谱！"

但是韩梅还是跟他在一起了，因为她也向往着新鲜、时尚的生活，她想也许这个新潮的小伙子能给自己的生活带来新的气息。

可结婚之后，韩梅就发现丈夫游手好闲。孙军不爱干农活，也没有工作，却经常早出晚归。每次韩梅问他去干什么了，他都回答说："我出去谈业务啊！不然就靠那点地，能长出钱来啊？"说完转身就走。这与韩梅当初设想的男耕女织、相亲相爱的婚姻生活相去甚远。但是嫁鸡随鸡，韩梅想也许过几年孙军就踏实了。

时间一晃就是一年，韩梅发现自己怀孕了！然而这个消息只给她带来短暂的快乐，而且让韩梅之后的生活发生了翻天覆地的变化。

刚怀孕的早孕反应挺强烈，韩梅特别想身边有人陪伴，然而孙军却仍然整日不着家，韩梅自然想到妹妹韩丽。本来妹妹年纪轻轻一个人在外打工，做姐姐的就很不放心。而韩丽在外面并没有像想象中那样发财，打工的生活又十分艰辛，她也明白钱不是那么好挣的。收到姐姐的信息，韩丽也想回去了，一个月后她就回了老家，住在姐姐家。

由于姐姐怀孕不能干重活，韩丽时常帮着干点活。青春年少的她觉得姐夫特别有魅力，她也时常和姐夫聊起在广东的见闻，这两个村里的"时尚人儿"还挺有共同语言的。

几个月后，韩梅生下女儿。月子里的韩梅身体虚弱，让她欣喜的是，这一个月丈夫孙军对她无微不至，韩梅将孙军的反常表现归因于孩子的降临，她天真地以为是可爱的孩子让丈夫成熟懂事。韩梅无比开心，她憧憬着一家四口其乐融融的日子。然而她却不知道，一场毁灭性的背叛正悄然上演。

这天，三个人正坐在一起吃饭，妹妹韩丽突然捂着嘴跑向厕所。韩梅猜想妹妹吃坏了东西，叫丈夫去看看，可孙军就是不动，说没事的。韩梅也就没有太在意。可是最近接连几天总是这样，韩梅满怀狐疑地看着妹妹，这像是怀孕了吧？这种事情在当年，尤其还是在农村，可是要身败名裂的啊！于是她紧张地跟妹妹说："丽啊，你跟我说实话，是不是交男朋友了啊？"韩丽把脸转过去，不敢正视姐姐，吞吞吐吐地说："没，没有啊！"

这天趁着孙军外出，韩梅软硬兼施地盘问韩丽。她严肃地说："谈恋爱是好事，可你千万别被骗了！你最近身子是怎么回事啊？姐姐也不是傻子，你去医院查过了吗？你哪天把那小子领到家里，姐替你张罗，要合适就结婚吧。"

在姐姐的一再逼问下，看着自己身体的反应一天天强烈，实在是瞒不住了，韩丽终于说出真相，说出了自己和姐夫之间不堪启齿的婚外情。

原来，韩丽回乡后，起初只是觉得和姐夫聊得比较开心，两个"时尚人儿"都觉得自己是被困在小村庄里的鸿鹄，周围的燕雀们无法理解他们远大的志向，两人彼此惺惺相惜。

这天，孙军说要去县城谈生意，希望韩丽和自己一起去。不知是意外还是故意，两个人错过了回村的末班车，只好在县城的小旅馆留宿一晚。就在这一晚，借着酒劲，孙军觉得月光下的韩丽格外漂亮，他凝视着韩丽的脸动情地说："小丽，你就是我心中的女神！"其实平时韩丽早就察觉出姐夫对自己生出了异样情意，两人总是眉目传情，现在姐夫的深情表白更让情窦初开的她意乱情迷。从此以后，他俩经常背着韩梅私会。韩丽内心也很煎熬，想到对自己情深义重的姐姐，她深感羞愧，可是她又无法抵挡姐夫的热情，这可怎么办啊？韩丽想再次外出打工，可小外甥女刚出生，姐姐的身体还没恢复，自己这时提出要走，怕姐姐伤心。正在她犹豫之际，却发现自己怀孕了。这可怎么办？

韩梅做梦也想不到，让妹妹怀孕的居然是自己的丈夫！这个消息犹如晴天霹雳，原来孙军近日对自己无微不至的照顾源于他内心的愧疚，他出轨了，而第三者竟然是自己的亲妹妹！

知道真相的韩梅第一个念头就是离婚！她一连哭了几天，然而看着孩子可爱的小脸，她实在不忍心在她长大后告诉她："爸爸不爱你和妈妈。"她强忍着泪水，恢复理智，恳求妹妹："不管你做了什么，姐都原谅你！因为我们是亲姐妹，因为妈妈临终前的嘱托，姐也要为你负责！去把孩子打掉吧，算姐求你了！"

已经和姐夫越陷越深的韩丽却拒绝了姐姐，她说："姐，我和姐夫是真心相爱的，就让我自己抚养这个孩子吧！"话语未落，韩梅抬手重重扇了妹妹一记耳光！她再也不能纵容这个任性的妹妹，那个年代未婚先孕都会被人戳脊梁骨，更别说未婚生子，这后半辈子妹妹该怎么活啊！这一记耳光也打在了韩梅的心里，想起妈妈临终前的嘱托，她又深深地自责起来，揪心的痛让她眼泪不止，可是倔强的韩丽宁死也不愿意打掉孩子，这可怎么办？

经过几天的冷战，还是韩丽先开口了："姐，给我找个人嫁了吧。"

韩丽的肚子那时还看不出来，无奈的韩梅别无选择，这可能是眼下最好的办法了。

两个月后，韩丽嫁给了邻村的王强。王强家境艰难，忠厚老实，从来没想到自己会娶到如此如花似玉、娇俏可人的妻子。他从未怀疑过韩丽，对于刚刚结婚韩丽就怀孕了这件事，王强一家人也格外欣喜。为了掩饰孩子的月份，在临盆前，韩丽刻意制造了一场意外，制造出早产的假象。就这样，她顺利地瞒过了王强一家人，半年后，韩丽生下一个男孩，王家自然是欢天喜地，对韩丽也是格外迁就。

为了信守对母亲的承诺，念及姐妹情谊，韩梅希望妹妹忘掉过去，她以为妹妹韩丽结婚以后会以家庭为重，安心过日子。可是，任性的韩丽与自私的孙军让韩梅再次失望了。不安分的韩丽并没有被王强一家人感动，看着王强憨厚的笑容，韩丽反而觉得王强老土，不及姐夫半点洋气。她还利用了王强的信任，仍然时时地同孙军约会。

　　这天，出门办事的韩梅临时回家取东西，看见4岁的女儿一个人在院子里玩沙子。孩子见到妈妈回来了高兴地迎上来，当韩梅牵着孩子进屋时，却看见孙军躺在床上捂着被子，哼哼唧唧地说："唉呀，突然头晕啊，所以进屋躺一下！"可是女儿扬着天真的小脸说："刚刚小姨不是来了吗？小姨是从后门走了吗？小姨还给我带了糖豆！爸爸，你不是说先让我用沙子堆一个蚂蚁窝，一会儿我就能看蚂蚁来吃糖豆吗？你怎么突然生病了呢？"

　　谎言被童言无忌的孩子拆穿，孙军脸上红一阵白一阵，可是很快他又强词夺理起来，厚颜无耻地对韩梅说："我们当然有联系，我得关心我儿子啊！"韩梅也曾和孙军大吵过，可是她不敢大肆声张。第三者还是自己妹妹，一旦宣扬出去，妹夫一家绝不会善罢甘休，妹妹在这里将没有立足之地，而妹妹的孩子也将背着私生子的恶名被人欺负。为了他们，为了当初对母亲的那句承诺，韩梅只得委屈自己，隐忍下来。

　　没有离婚的韩梅过得不幸福，孙军知道她不敢声张之后，更加肆无忌惮地与韩丽私会，甚至还时常嘲讽韩梅木讷。这如同针扎一般刺痛了韩梅的心。

　　她常暗想，她最遗憾的就是没有体会到真正的爱情，有时她甚至羡慕妹妹，至少她可以得到两个男人的爱。韩梅一直很想离婚，可是在那个年代，父母离婚的孩子容易被别人欺负，况且如果因为妹妹而离婚，更丢人了。为了自己和女儿的面子，她一再坚持，无论丈夫对她如何冷漠、嘲讽，她都默默承受。她只有一个念头，等女儿到18岁成年了，她就马上离婚。

　　18年过去了，女儿以优异的成绩考上了北京的高校，成了他们村里的骄傲。是不是该给自己的婚姻做个了结呢？在韩梅犹豫之际，她却发现自己的结婚证不见了，她想，没有结婚证应该不可以离婚，这也许是天意吧。于是韩梅选择了继续逃避，她决定和读大学的女儿一起离开这个家，她在北京找到一份保洁的工作，这一逃避又是8年，直到女儿大学毕业参加工作。

在北京这8年，她再没回过老家。她不想面对无耻的丈夫和伤透自己心的妹妹。和女儿做伴，看到女儿的笑脸，再苦再累她也心甘情愿。如今韩梅已经50岁了，女儿也已经25岁成家立业了。每天下班回家给女儿女婿做饭是她最开心的事情，她不愿想也不敢想丈夫，好在丈夫也没有来骚扰过自己。

为生活上能互相照应，女儿女婿在同一个小区买了两套房，一个两居，一个一居。当时，房地产市场已经开始调控，为了能享受首套房的银行贷款优惠，女婿把一居室登记在韩梅的名下，并且让韩梅居住，她觉得很知足。

一天，看到电视中儿女为父母张罗再婚的相亲节目，女儿突然说："妈，你离婚吧！您这一辈子太苦了，总是为别人活，现在你才50岁，还可以有幸福的老年生活啊！如果有合适的，再找个伴，总比跟我爸这样名存实亡的强。"女儿的话，在韩梅心里击起巨大的涟漪，当初就为了一句对母亲的承诺，她委屈自己，保护妹妹。这么多年过去了，时代不一样了，女儿也长大了，父母的离异已经不会对女儿有什么伤害了，而且女儿的事业也在蒸蒸日上，她可以让自己活得更幸福。

在女儿的鼓励下，韩梅回乡和孙军谈起了离婚。此时的孙军一事无成，除了还和韩丽保持来往之外，整天无所事事，偶尔给女儿打电话，也是要钱。此时，韩梅居然回来和自己谈离婚，孙军断然拒绝。这是为什么呢？

原来孙军听说了女儿给韩梅买房的事，说："离婚你得分我一半房子！"这让韩梅很生气，她说："那是女儿和女婿的房子，你做父亲的不但从来不关心孩子，现在居然还来和孩子抢财产！"

可是孙军却恬不知耻地说："这女儿我也有份，可她就偏心向着你，从上大学到现在对我不理不睬，现在还怂恿你和我离婚，这么不孝顺的女儿，我自然不会客气！就当我没这个闺女，好在我和韩丽还有儿子。我和韩丽商量过了，离婚可以，但我们也要为我们的儿子着想！"

当得知韩丽背后还支持孙军来抢财产时韩梅彻底被激怒了！自己为信守对母亲的承诺，赔上了半生的幸福，现在这两个自私的人居然要抢占自己女儿的财产，当初购房款里还有女婿父母的出资呢！在韩梅眼里，这房子就是女儿的幸福，绝不能让他们抢去！韩梅决定反击，可是怎么样才能保住女儿的房子呢？韩梅找到了律师咨询，律师听了她的讲述后，给韩梅出了一个主意，可以让她女儿和女婿以韩梅为被告到房屋所在地的法院先作一个确权之诉，由法院根据他们的证据与陈述，对那套一居室的所有权进行认定。这样的一份法律文书，可以在离婚案件中作为证据使用。

听了律师的建议，韩梅先让女儿女婿把自己告到法院，要求法院确认这套一居室的所有权到底归谁，通过他们的陈述，并且提供了支付购房款的转账凭证，最终法院认定，他们这种情况是借名买房。

那么什么是借名买房呢？借名买房的房屋所有权归谁呢？

借名买房，顾名思义，就是购房人用自己父母、子女或者其他人的名义来买房，而购房款项却由购房者自己支付。

随着房地产市场的调控政策进一步收紧，部分有购房需求的人失去了购房资格或增加了购房成本，在此情况下，有的购房者采用了借名买房的方式。

借名买房的变通方式实际上存在很大风险。因为房屋作为不动产，其所有权归属应当以物权登记为准。可是，在借名买房的情况下，名义产权人与实际出资人是分开的两个人。在房屋主管部门登记的、对外公示的房产所有权人是实际出资人的父母子女或亲朋好友，即名义产权人，比如我们这个案例中的韩梅，而实际产权人应当是真正支付购房款的人，比如案例中韩梅的女儿女婿。

实践中最容易引发争议的是在这种情况下购买的房屋是否合法以及当初双方是否存在借名买房的约定。所谓借名，肯定都是发生在亲朋好友之间，因此，常常忽略了签订书面协议，一旦发生纠纷，容易陷入难以举证的困境。

姐姐的屈辱

所以，如果确实需要采取借名方式购买住房的话，在保证购买房屋的合法性的前提下，一定要签好协议，以书面方式确定该房产的实际出资和产权归属。同时实际产权人在购房时应当从自己的账户支付房价款，并保留好付款单据。日后如发生纠纷，实际购房者可以凭书面证据以司法手段来保护自己的权利。

幸亏韩梅的女儿女婿能拿出当时付款的转账凭证，而且他们的陈述与韩梅的陈述也是一致的，所以，他们顺利地拿到了认定这套房屋的所有权属于韩梅女儿女婿的判决书。

之后韩梅提出了离婚诉讼。在法庭上，早有准备的韩梅镇定地拿出这份判决，向法官陈述："这份判决书已经认定这房子虽然登记在我名下，但根本就不是我的，他别想分。另外，他不但有婚外情，还有私生子，而且这么多年来，一直不思悔改。他应当对我进行赔偿。"这席话就像一颗重磅炸弹，孙军没想到一向软弱隐忍的韩梅会把这个秘密抖出来，而且抖得这么彻底。他大惊失色，大声嚷嚷："你撒谎！你这是转移财产！隐匿财产！你还胡说八道，诽谤我！"

面对无情无义的丈夫，想起自私自利的妹妹，回想自己这么多年来所背负的压力，韩梅此时百感交集，她一股脑地说出了多年来丈夫和妹妹的丑事，并且要求法庭传唤证人韩丽出庭作证。韩梅还说："如果她不承认，我要求法庭对我丈夫和韩丽的儿子进行 DNA 鉴定。"在强大的压力下，孙军不得不承认了他对婚姻的背叛，最终法院认定，孙军长期违背夫妻忠实义务，不知悔改，导致夫妻感情破裂，负有主要过错，应当承担赔偿责任。原本他们也没什么夫妻共同财产，就剩农村的老房子还值点钱，孙军偷鸡不成蚀把米，不但没抢着女儿的房子，连农村老家的房子都被法院判给了韩梅。

韩梅与孙军的这场离婚诉讼以及韩梅要求做亲子鉴定的事最终闹得村里人尽皆知。王强终于知道了，这么多年对韩丽的体贴入微都是徒劳，而精心养育了 20 多年的儿子不是自己的亲生骨肉，这个打击太大了，王强也愤然提出离婚。而儿子已经成年，懂事的儿子却表示他只认王强是自己的父亲。

在这一场风波中韩丽更是一败涂地，离婚之后韩丽才发现，原来孙军嘴里的女神还有若干，他就是靠着哄骗这些女性拆东墙补西墙地度日，而王强对自己才是真心的，可是她醒悟得太晚了。虽然事后韩丽哭着向姐姐忏悔，但那也无法抹去她这么多年来给韩梅带来的伤害，也换不回自己曾经和睦的家庭。

韩丽和孙军原本可以各自拥有幸福的家庭，但是面对不该发生的不伦恋情，他们不以为耻反而变本加厉，最终在法律与道德的制裁下，必将为自己的行为付出沉重的代价。韩梅为了对母亲的一句承诺，忍受了几十年的背叛屈辱，终于在50岁时放下思想枷锁，为自己而活，希望她余生能活得幸福。

律师点评>>>

在生活中，有的朋友为了规避各种政策、享受更多优惠，选择借名买房的方式购买房产，这种行为是不应提倡的。因为在借名买房的情形下，房产登记与客观事实存在差异，必然有很大的法律风险。首先，借名肯定发生在亲朋好友之间，所以当事人容易忽略书面约定、证据保存等细节，一旦发生争议，自己容易陷入举证难的困境，可能面临遭受亲情友情与财产权益的双重损失。其次，房产权益价值不菲，即便借名人与被借名人之间没有争议，但是被借名人如果发生变故，如出现死亡、离婚、负债、病重而丧失民事行为能力等情形，都有可能波及借名人的财产安全。比如，在本案中，因为韩梅想离婚，导致女儿登记在她名下的财产面临被分割的风险，所幸韩梅的女儿女婿保留了完善的证据，并且在韩梅的积极配合下，才避免了损失。所以劝告买房的朋友谨慎选择，规范操作，降低风险。

后记

（一）

与"法讲"结缘，缘于一次偶然。我是"插队"搭上了那次主讲人选拔的末班车，并幸运地获得试镜的机会。

2009年5月，我们律所的首席合伙人——崔保国律师，受北京市法援中心的邀请，做了一场关于房产交易法律知识的专题讲座。北京市法援中心林冬立科长，当时正是受节目组委托，组织《法律讲堂》专题节目——《法律援助在行动》的主讲人选拔工作，那时选拔工作已接近尾声。那天，林科长被崔律师的讲课深深吸引，力邀他加入主讲人的最后一轮选拔。

回到律所后，和崔律师一起参与讲座的同事兴奋地告诉大家这个喜讯，还说下一次的主讲人选拔兼培训会将在我们所召开。有机会在中央广播电视总台向全国观众做普法宣传，每一个法律职业人都会为之自豪，大家都替崔律师感到高兴与骄傲。

乐于提携后辈的崔律师提了一个出人意料的建议，他号召所内年轻律师都来旁听、参与培训会。因为表达能力是律师的一项重要职业技能，能聆听或接受中央广播电视总台编导老师的专业指点，对年轻律师肯定是受益匪浅的，所以崔律师希望大家珍惜这个难得的机会。他还说，大家也可以自荐参选主讲人，不经常有无心插柳柳成荫的故事嘛！日后，林科长说，他得知崔律师如此宽仁的提议后，不禁顿生敬意，两人很快成为莫逆之交。

自幼，收音机是伴随我长大的好伙伴。年少时也曾梦想，有一天，能借助电波，让自己的声音传到千家万户。也得益于广播的陪伴，让我这个南方长大的孩子，普通话还算标准，这个优势为我日后在北京从事与人交流的律师工作，助力不少。

那时，我时常受律所的指派，为北京电视台、广播台的法制节目进行法律解读与点评，所以崔律师特别叮嘱我应该认真准备，勇于自荐。有机会参加中央广播电视总台的培训会，我当然是跃跃欲试的，但想到要与一路过关斩将胜出的精英们一起演讲，又不免有些紧张。但是不讲就不能获得导演老师们的直接点评，难有长进，更别说毛遂自荐了。机会如此难得，为了不让自己留遗憾，我也就顾不得"当众出丑"了。

所以，想要出彩，先得不怕出丑，勇于尝试，才有机会，即使不能实现最终目标，努力的过程，也会有所收获。

那次培训会上，第一次见到阳光一般的杨晖老师，不是我想象中的大胡子导演。我挑选了一个自己经办、引以为傲的刑事案例作为素材。那是我做实习律师时，办理的一个法律援助案件。我幸运地找到案件侦办程序上的疏漏，这成为辩护中的亮点，最终我的辩护意见得到法院的全面采纳，成为为数不多的减轻判罚的案件。发判决时，法官的由衷赞许，对于当时还是实习律师的我是最好的鼓励。

之所以选这个案例，是觉得它在法律上值得宣传，可是这个选题思路被杨晖老师直接作为反面教材，因为一个好的普法选题，除了具有专业性，还应当贴近生活、注意社会价值导向，我切身体会到普法宣传与律师工作真是两件不同的事。

这次试讲，我还惊叹镜头有如此强大的放大功效，平时不以为意地小动作，经过镜头的呈现后，是那么扎眼。而作为一个讲述者，你的动作、语音、语调，都会影响讲述效果。我不由得感叹，说话真是一门艺术！真觉得自己与荧幕上的主讲人还相差甚远。

虽然挫败感很强，好在我是抱着学习的心态，每一次试讲，都是难得的提高机会，放下怕出丑的思想包袱，尽量展示，才能得到更多的点评。参与的过程中，我已经收获颇丰。这种放松的心态让我更加幸运，和崔律师一起"加塞"成功，成为那批候选主讲人的插班生。

可是，即便我走了如此"捷径"，从培训，到试镜，录小样，再到正式录制第一期节目，也历时一年多之久。对于一名律师来说，电视节目制作真是一个全新的领域，这期间信心被N次打倒，又被N＋1次树立，直到第一期节目播出时，我仍然很忐忑。所幸这期节目收视效果不错，给了初登"法讲"的我很大的鼓励。

进步就是要不断挑战自我，突破自我之后，真的会发现更好的自己。

（二）

转眼，从第一期节目播出，已快十个年头，我渐渐成为《法律讲堂》的老主讲人。以前认为入选主讲人就是胜利，经过这些年的节目制作才明白，入选只是开始的第一步。

每一期节目必定经过选题、写稿、录制三个阶段，说起来只有六个字，做起来却有无数艰辛。

新主讲人都最担心最后一步——节目录制。漆黑的演播室里凉飕飕的，像山洞，一个人站在讲台后真有些茫然无措，背过的稿件似乎消失无踪，眼神也飘忽不定，好在贴心的摄制组在一号机的上方，放了一张A4白纸，可以确定眼神的方向。我就盯着这张白纸，对着空气，滔滔不绝。一旦开讲，稿件的内容仿佛跃然纸上，就这样越讲越顺畅。

节目播出后，很多人问，稿子是不是你们自己写的？案例是不是真实的？那么长的稿子，你们是背下来的吗？每一期"法讲"的节目都有真实案例原型，我们就是通过讲述每个真实案例发生的过程，来分析冲突背后的原因，解读相关法律适用问题。

录制几期节目之后，我觉得背稿真不算难，因为从写稿到录制，经过与编导老师反复讨论修改，一个稿件到最终录制时，往往已经修改很多遍了，内容早已烂熟于胸。而撰写稿件是颇费功夫的。

普法与案件承办是不一样的工作，虽然都与法律有关，但有着显著区别。个案是对当事人讲解法律，节目是对广大观众讲解法律。个案的重点在于纠纷发生之后的法律适用，如何帮助当事人获得公正的结果。普法是向观众还原一个案件的来龙去脉以及法律后果，如何防微杜渐。所以节目稿件与法律文件的撰写要求差别很大。

首先，核心内容不同。律师讨论案件也时常会激烈争辩，但律师关注的焦点在法律冲突、法律适用等问题。而老百姓的关注点和律师是不一样的，普法宣传的稿件，需要关注矛盾的起源，讲述主人公的思想斗争，通过剖析这些冲突背后的根源，挖掘案件的心理原因、社会原因，在此基础上解读法律。透过这些真实的案例，让观众不仅看到人性的欲望与冲突，更能触摸法律的温度，体现法律与社会的融合，让观众看过节目后，不仅能学到法律知识，还引发了深思与反省，这方能体现普法工作的价值。

第二，语言风格不同。对象不一样，决定了语言风格不同。作为一名执业律师，无论是制作文件还是口头表达，我一直要求自己要尽量做到"法言法语"。可是普法稿件，则要通俗易懂，贴近生活，才能让观众愿意听，听得懂。刚开始写稿件，我特别不适应，经过与杨导的多次热线、反复邮件的修改与指导，才渐渐摸到门道。写作需要明确的对象感，此时我的角色是一个普法宣传的讲述者，讲述对象是电视观众，所以写稿时要把"法言法语"切换到"生活语言"，尽量把生涩的专业词汇转换成平实的语言，让非法律专业的人能听懂。我开玩笑地总结说，就是把自己从"律师模式"切换到"编剧模式"。

这种语言方式的转换，让稿件写得更顺畅，也更生动，但是我曾有一丝担心，这种编剧模式是否会影响自己的专业性，成为律师执业的反向努力？但是不久后这个顾虑打消了。在与不同的当事人沟通时，我经常切换各种表达方式，时而讲理论，时而打比方，越来越多的当事人表示："黄律师，您这么说，我就明白了……"这时，我领悟到，看似不相干的两项工作，其实是互有裨益，相得益彰的。

这种裨益，不仅在语言上有所体现，对思维习惯更有深远的影响。

自从开始做主讲人，我改变了以前一掠过而看社会新闻的习惯，不由多想几分，甚至看到一个笑谈，笑过之后，有时也会想想，这背后的根源是什么，有什么启示？对于劲爆的热点，更不急于站队，因为露出水面的往往只是冰山一角，藏在水下的面貌还不得而知。这种理性与克制的思维习惯，于工作和生活，都是益处良多的。

这种探索真相的思考习惯，与律师执业要求是相通的。趋利避害是人的天性，有些当事人向律师讲述案件情况时，会选择性遗忘或回避某些细节或材料，以为这样就能得到更好的帮助，殊不知，兵法有云："知己知彼，百战不殆。"如果因为当事人不和自己的律师说实话，让律师都不"知己"，当事人怎能获得切实有效的帮助？我们不苛责这些当事人的小伎俩，律师是为当事人服务的，但不能盲从于他，因为律师服务的核心价值体现在用你的专业知识维护当事人的合法权益，而不是听命于当事人。如同医生给病患的诊断医疗服务，不能仅凭病患的讲述与要求。研究一个案件，律师需要多角度思考与逆向思维，善于质疑，往往会发现更多问题，才能更好地帮助当事人。律师的深思熟虑和严谨专业，一定会得到理性当事人的信任与认可。

从"法讲"新人，到如今在普法一线，坚持已逾十年，我深刻感受到，媒体宣传与律师工作，角色不同、要求不同，但又是相辅相成、一脉相承、融会贯通的。

（三）

法律讲堂自开播至今已有 16 年，它早已成为央视的精品栏目之一，品牌力、影响力一直是总台的常青树。2018 年度中央广播电视总台年度品牌栏目评选结果出炉，《法律讲堂》栏目又回到前 30 名的行列，并且是 30 个栏目中，除新闻联播节目之外，唯一创办十年以上的老牌节目。这样的常青树，与全栏目的集体创作分不开。

每一篇稿件、每一期节目都是《法律讲堂》栏目组成员共同参与、精心锤炼、反复打磨的成果。正是背后这么多人的默默付出，才把一个个案例生动地呈现在荧幕上，让普法的声音传播到更远的地方。一路走来，正是因为在鼓励中成长，主讲人们才得以突破自我，为普法宣传贡献自己的一份

后记

力量。

作为"法讲"的主讲人，我产量不算高，但坚持时间不短。每期节目的制作与播出，都有来自各方的关注。我收到不少观众来信与邮件，有法律院校学生的提问，有陷入婚姻困境女性的求助，有八十多岁老人对我国法治建设的期许……

曾经，一位朋友告诉我，他上小学三年级的女儿很爱看我的节目。原来，我们的观众里，还有这样一群小朋友，面对他们，我可以传递什么？引导什么？我该以什么样的节目回馈他们纯洁、真诚的关注？

某次，在公交车上，我被一位阿姨一把拉住，说："我很爱看你的节目，我想跟您咨询一个事儿……"

这些期待，让我更为普法工作感到骄傲而深受鼓舞。得益于中央广播电视总台这个平台，让我不仅是一位律师，还是身兼重任的法律传播者，促使我超越职业的视角全面研究这些案例，自己也更有领悟，更深切地领悟到法律工作真正的社会价值，让自己的职业发挥出更大的社会价值，我为之骄傲，也如履薄冰。这份沉重的责任感，让我不敢懈怠，认真对待每一个选题，每一次成稿，每一回录像。

经过《法律讲堂》的多年历练，自己在不断成长与蜕变。现在我受邀成为多家媒体的评论员，媒体工作已经成为我职业生涯中重要的一部分，媒体与法律的融合，让法律服务更专业，让法律评论更有力。

对于手中的麦克风，我始终保持敬畏之心。借助媒体的平台，评论员的声音对舆论肯定有影响。但舆论是把双刃剑。舆论监督，为推动社会法治的进步发挥了重要作用。同时，社会公众是一个感性的群体，网民更是一群匿名的公众。网络时代，尤其是自媒体活跃的时代，社会热点能够快速传播，面对震撼的场面和悲惨的情节，大家的善良与同情很容易被激发，往往来不及有完整、深入的报道，公众情绪已经被舆论裹挟，左右事态发展，甚至进行媒体审判。可是有时真相又会出现反转，这时，大家又深感受伤，觉得自己的善良被欺骗被利用，反而滋生出冷漠的负面情绪，这对社会公共利益都有不小的损害。

我参与评论的几次热点事件，就出现过这样真相反转的情况。每一次我都庆幸自己评论时坚持专业的理性与克制，也再次提醒自己，好的评论，不是简单的公众情绪出口，而是引导公众思考，以促进法治建设和社会进步。也许一时与社会舆论期待不相符合的评论会招致非议，甚至谩骂。但我相信，这种坚守有利于保护更大的公共利益，也将成为推动法治和社会进步的一份力量。我必须珍惜手中的麦克风，用专业、理性的声音做出有深度、有温度的评论。

（四）

本书编辑审校过程中，开创我国立法先河、具有里程碑意义的《民法典》，于 2020 年 5 月 28 日经第十三届全国人大第三次会议通过，并于 2021 年 1 月 1 日正式实施。《民法典》实施后，现行的婚姻法、继承法、民法通则、收养法、担保法、合同法、物权法、侵权责任法、民法总则等 9 部法律同时废止。

读者可能会产生疑问，本书的案例都发生在《民法典》实施之前，《民法典》生效后，有些案例适用的法律失效了，案件如果发生在现在，结果会有不同吗？书中的法律解析还适用于今后的生活吗？

在此，我们先简要介绍一下《民法典》。《民法典》共 7 编、1260 条，各编依次为总则、物权、合同、人格权、婚姻家庭、继承、侵权责任，以及附则，内容覆盖公民的各个生活领域，堪称"社会生活百科全书"。

编纂《民法典》不是制定全新的民事法律，也不是简单的法律汇编，而是对现行的民事法律规范进行编订纂修。对已经不适应现实情况的规定进行完善，对经济社会生活中出现的新情况、新问题作出有针对性的新规定。因此上述 9 部法律在《民法典》实施后废止，并不是因为立法机关制定了全新的法律，而是因为立法机关在对这 9 部法律进行修改完善后将其编纂进了

《民法典》。

《民法典》中，将原有法律及相关司法解释原文保留的，有457条，占比约36.3%；对原有法律及相关司法解释进行"非实质性修订"而来的，有409条，占比约32.5%；对现行法律及相关司法解释作实质性修订而来的，有246条，占比约19.5%；新增条文148条，占比约11.7%。也就是说，《民法典》三分之二以上的条文与原有法律及相关司法解释一致，有实质性变化的约占五分之一，另有约十分之一增补了原有法律空白部分。可见，《民法典》在一定程度上保持了法律的稳定性和延续性，它的实施并不会给司法实践带来过大的冲击。大多数案例的裁判结果，在《民法典》实施前后都是一致的。

《民法典》颁布后，我们再次梳理了本书涉及的全部法律条文，尤其是将因《民法典》实施而废止的条文，与《民法典》进行了逐一比对。本书20个案例，9个案例涉及所适用的法条在《民法典》生效后废止的情况，其中，7个案例适用的法条为《民法典》将原有法律及司法解释相关规定直接保留，1个案例适用的法条进行了非实质性修订，只有1个案例适用的法律条文，在《民法典》中有部分实质性修订，但修订内容与该案例无关，不影响判决结果和法律解析。因此，《民法典》的实施对本书内容的时效性没有影响。希望每位读者阅读本书后，能获得实用、有效的法律知识。

（五）

虽然还远没到感谢的时候，但还是忍不住想要感谢。

感谢《法律讲堂》带给我的自我突破和提升，"法讲主讲人"成为我身上最珍惜的羽毛，能站在中央广播电视总台这个平台为大家讲法、释法，是自我价值的巨大满足，我为之骄傲与自豪。

感谢和善可亲的权勇老师，早期的质疑是我努力提升的方向，压力是激发潜能的动力。更感谢第一期节目播出后，权老师的及时肯定，那是对我极大的鼓励。

潇洒儒雅的苏大为老师，话语不多，却字字珠玑，凝练有力，真知灼见显格局。

无数次午夜热线与邮件沟通的杨晖老师，帮我把杂乱无章的思路，整理得脉络清晰，稿件也改头换面。翻看每一篇稿件，每次修改都历历在目，战斗情谊永难忘。

见字如面的郝燕飞老师，终审稿中的精辟点评，常令囿于个别词句的我，豁然开朗。

感谢普法道路上，帮助我的每一位亲朋好友。

没有林冬立科长和崔保国律师的鼓励与力荐，我没有参加《法律讲堂》的契机。

也感谢父母多年的教导与培养和亲朋好友的肯定，他们对节目的热情关注，是我普法路上最好的鼓励和动力；感谢我先生以非法律人与法律职业家属的复合视角，对每期节目的点评；感谢我可爱的女儿，她和她的小伙伴们稚嫩的声音，提示我，电视机前还有一群这样的小观众，我们今天的节目，也许在他们心里种下了法治思想的种子，在日后会发芽、生长……

感谢每位关注我们的观众与读者，唯恐辜负你们的关注，是我坚持、精进的动力。

黄莉凌

2021 年 1 月 1 日